Schriften zum Sportrecht

herausgegeben von

Band 13

Heiko Striegel

Doping im Fitness-Sport

Eine Analyse zwischen Dunkelfeld und sozialer Kontrolle

Württembergischer Fußballverband e.V.

Nomos

Die Deutsche Bibliothek verzeichnet diese Publikation in
der Deutschen Nationalbibliografie; detaillierte bibliografische
Daten sind im Internet über http://dnb.ddb.de abrufbar.

Zugl.: Marburg, Univ., Diss., 2007

ISBN 978-3-8329-3904-5

1. Auflage 2008

Meinen Eltern

Inhaltsverzeichnis

Vorwort

Die Arbeit lag im Wintersemester 2007/2008 dem Fachbereich Rechtswissenschaften der Universität Marburg als Dissertation vor. Doping im Freizeit-, insbesondere im Fitness-Sport erzeugt zwar nicht die Medienwirksamkeit, die positive Dopingfälle im Spitzensport auslösen. Dennoch stellt der Konsum von Dopingsubstanzen in diesem Bereich ein weitaus größeres volkswirtschaftliches und gesundheitsökonomisches Problem als im Leistungssport dar. Somit besteht auch ein großes praktisches Bedürfnis, sich mit den zahlreichen Rechtsfragen, insbesondere im Zusammenhang mit verbesserten Präventionsmöglichkeiten näher zu befassen.

An dieser Stelle möchte ich Herrn Prof. Dr. iur. Dieter Rössner für die freundliche Überlassung des Themas dieser Dissertation danken. Er hat mich mit seinen wertvollen Anregungen und Hilfestellungen bei dieser Arbeit stets unterstützt. Ebenfalls möchte ich Herrn Prof. Dr. iur. Georg Freund für die Erstellung des Zweitgutachtens danken.

Ganz besonderer Dank gebührt Herrn Dr. med. Dr. rer. nat. Perikles Simon und Herrn Dr. iur. Gregor Vollkommer, die mich seit nunmehr einem Jahrzehnt als Freunde wissenschaftlich begleitet und nachhaltig unterstützt haben.

Weiterhin möchte ich meiner Lebensgefährtin Anette Wölpert danken, die mich über all die Jahre hinweg vielfältig motiviert und angespornt hat. Widmen möchte ich diese Dissertation meinen Eltern. Ihre Unterstützung hat meine gesamte Ausbildung und damit auch diese Dissertation ermöglicht.

Bietigheim-Bissingen, im Januar 2008 — Heiko Striegel

Abkürzungsverzeichnis

Abb.	Abbildung
Abs.	Absatz
AMG	Arzneimittelgesetz
Art.	Artikel
BGH	Bundesgerichtshof
BKAG	Bundeskriminalamtsgesetz
BMI	Body-Mass-Index
BTM	Betäubungsmittel
BtMG	Betäubungsmittelgesetz
BVerfG	Bundesverfassungsgericht
Bzgl.	bezüglich
Bzw.	beziehungsweise
CI	confidence interval
d.h.	das heißt
DSB	Deutschen Sportbund
et al.	et altera
etc.	et cetera
ff.	fortfolgende
GG	Grundgesetz
GVG	Gerichtsverfassungsgesetz
h.M.	herrschende Meinung
HES	Hydroxy-Ethyl-Stärke
HIV	Human Immundeficiency Virus
i.s.d.	im Sinne der
IOC	Internationalen Olympischen Komitee
LMBG	Lebensmittel- und Bedarfsgegenständegesetz
MBO-Ä	Musterberufsordnung für die deutschen Ärztinnen und Ärzte
Mio.	Millionen
NADA	Nationale Anti-Doping Agentur
No.	Anzahl
Nr.	Nummer
o.g.	oben genannten
S.	Satz
SD	standard deviation
Sog.	sogenannte
StGB	Strafgesetzbuch
StPO	Strafprozessordnung
Tab.	Tabelle

u.U.	unter Umständen
Vs.	versus
WADA	World Anti-Doping Agency
z.B.	zum Beispiel

Einleitung

Bedingt durch eine Vielzahl positiver Dopingkontrollen prominenter Athleten hat sich Doping im Sport zu einem medienträchtigen Problem des modernen Leistungs- und Hochleistungssports entwickelt[1]. Dabei kann der Skandal um Ben Johnson bei den Olympischen Spielen 1988 in Seoul als erster großer Dopingfall der jüngeren Vergangenheit angesehen werden[2]. In der Folge fanden sich bei vielen weiteren Sportlern, beispielsweise den Sprintern Marlene Ottey und Linford Christie, dem Skilangläufer Johann Mühlegg oder dem Ringer Alexander Leipold, um nur einige zu nennen, positive Dopingbefunde. Dass es sich beim Doping im Spitzensport nicht nur um Einzelfälle, sondern vielmehr um ein systematisch organisiertes und strukturiertes Netzwerk von Produzenten, Händlern und Sportlern als Endverbraucher von Dopingsubstanzen handelt zeigen die Erkenntnisse der Ermittlungen im Fall Festina, dem Skandal um Victor Conte, dem Betreiber des Balco-Labors in den Vereinigten Staaten[3] oder die Ermittlungen um die spanischen Ärzte Fuentes und Pareita[4].

Dass versucht wird, sportliche Höchstleistungen mit allen zur Verfügung stehenden Möglichkeiten zu steigern, scheint angesichts des finanziellen Benefits, den Athleten, aber auch Manager und Trainer erzielen können, durchaus nachvollziehbar[5]. Neueste Erkenntnisse lassen darauf schließen, dass neben den klassischen Dopingsubstanzen, wie Stimulantien, anabolen Steroiden oder Peptidhormonen nun auch die Möglichkeiten des Gendopings in die Nähe des Machbaren gerückt sind[6]. Welche neuerlichen Leistungsverbesserungen sich mit diesen Methoden erzielen lassen, aber auch welche Risiken sich ergeben, lässt sich derzeit allenfalls andeutungsweise abschätzen[7].

1 Neben Marlene Ottey, Lintford Christie und Alexander Leipold wurden allein im Jahr 1999 weitere 342 Sportlerinnen und Sportler mit Nandrolon bzw. dessen Vorläufersubstanzen positiv getestet.

2 Bei Ben Johnson wurden nach seinem Sieg im 100m Finale von Soul, welches er in Weltrekordzeit von 9,79 Sekunden beendet hat, anabole Steroide in der Urinkontrolle nachgewiesen.

3 Nowitzky J, Colombet J. Memorandum of Interview in re Victor Conte. Internal Revenue Service. Criminal Investigation Division. 03.09.2003.

4 *Kistner T.* Süddeutsche Zeitung Magazin 50, 15. Dez. 2006, S. 11, 14.

5 *Striegel H, Vollkommer G.* MedR 2001, S. 112.

6 So berichtet die Arbeitsgruppe von Sweeney aus Philadelphia über einen 15-prozentigen Leistungszuwachs der Muskulatur junger Mäuse nach Virus-vermitteltem Gentransfer von Insulin-like Groth-Factor I (IGF-I), einem Wachstumsfaktor der Muskulatur, der auch beim Menschen existiert. Vgl. hierzu *Barton-Davis ER, Shoturma DI, Musaro A, Rosenthal N, Sweeney HL.* Proc Natl Acad Sci USA 1998 (95), S. 15603 ff.; *Azzazy HM, Mansour MM, Christenson RH.* Clin Biochem 2005 (38), S. 959 ff.; *Sweeney HL.* Sci Am 2004 (291), S. 62 ff.

7 Vgl. hierzu *Striegel H, Simon P.* Internist 2007 PMID: 17426943.

Doping im Sport ist aber nicht nur ein Problem des Leistungs- und Hochleistungssports, sondern insbesondere auch des Freizeit- und Fitness-Sports, welches sich in den letzten 20 Jahren zu einem epidemiologisch bedeutsamen Phänomen westlicher Industrieländer entwickelt hat[8]. Besorgniserregend sind dabei nicht nur die absoluten Zahlen dopender Freizeit- und Fitness-Sportler, sondern auch, dass zunehmend jüngere Personenkreise betroffen sind[9].

Bereits Anfang der 90er Jahre des letzten Jahrhunderts wiesen groß angelegte Studien in den Vereinigten Staaten darauf hin, dass ein nicht zu vernachlässigender Anteil der Bevölkerung zu leistungssteigernden Substanzen greift[10]. Zuletzt konnte gezeigt werden, dass Dopingsubstanzen, insbesondere anabole Wirkstoffe, d.h. im Wesentlichen anabole Steroide und Clenbuterol häufig von Fitness-Studio-Mitgliedern gebraucht werden[11]. Überträgt man diese Zahlen auf Deutschland so ist bei derzeit knapp fünf Millionen Fitness-Studio-Mitgliedern[12] von einem epidemiologisch und volkswirtschaftlich bedeutsamen Problem auszugehen. Trotz dieser bedenklichen Zahlen wurden bisher kaum strukturierte Versuche unternommen, das Dopingproblem im Fitness-Sport einzudämmen.

1.1 Anti-Doping Maßnahmen

Im Leistungssport lassen sich im Wesentlichen drei Eckpfeiler der Dopingbekämpfung unterscheiden. Zum einen sind dies Dopingkontrollen. Durch eine ständige Weiterentwicklung und Verfeinerung der Analysen lassen sich Dopingsubstanzen in immer geringeren Konzentrationen über einen zunehmend längeren Zeitraum nachweisen[13]. Die zweite Möglichkeit der Dopingbekämpfung sind Sanktionen bei posi-

8 *Buckley WE, Yesalis CE, Friedl KE, Anderson WA, Streit AL, Wright JE.* JAMA 1988 (260), S. 3441, 3444; *Terney R, McLain LG.* AJDC 1990 (144), S. 99; *Simon P., Striegel H, Aust F, Dietz K, Ulrich R.* Addiction 2006 (101), S. 1640, 1644.

9 *Buckley WE, Yesalis CE, Friedl KE, Anderson WA, Streit AL, Wright JE.* JAMA 1988 (260), S. 3441; Johnson MD, Jay MS, Shoup B, Rickert VI. Pediatrics 1989 (83), S. 921, 923; *Korkia P, Stimson GV.* Int J Sports Med 1997 (18), S. 557.

10 *DuRant RH, Rickert VI, Ashworth CS, Newman C, Slavens G.* N Engl J Med 1993 (328), S. 922 ff.; *DuRant RH, Ashworth CS, Newman C, Rickert VI.* J Adolesc Health 1994 (15), S. 111; *Goldberg L, Elliot D, Clarke GN, MacKinnon DP, Moe E, Zoref L, Green C, Wolf SL, Greffrath E, Miller DJ, Lapin A.* JAMA. 1996 (276); S. 1555, 1560 f.; *Yesalis CE, Kennedy NJ, Kopstein AN, Bahrke MS.* JAMA 1993 (270), S. 1217.

11 *Kanayama G, Gruber AJ, Pope HG, Borowiecki JJ, Hudson JL.* Psychother Psychosom 2001 (70), S. 137, 138; *Korkia P.* BMJ 1996 (313), S. 1009. Anabole Steroide und Clenbuterol sind von der World Anti-Doping Agency (WADA) in der Liste der verbotenen Substanzen und Methoden in der Untergruppe Anabole Substanzen aufgeführt. Vgl. hierzu List of prohibited substances and methods 2007, www.wada-ama.org.

12 Arbeitgeberverband deutscher Fitness- und Gesundheitsanlagen e.V. Eckdaten 2006. www.dssv.de.

13 *Thevis M, Schanzer W.* Mini Rev Med Chem. 2007 (7), S. 531 ff.; *Kohler M, Parr MK, Opfermann G, Thevis M, Schlorer N, Marner FJ, Schanzer W.* Steroids 2007 (72), S. 278 ff.; *Thevis M, Schanzer W.* Analyst 2007 (132), S. 287 ff.

tiven Dopingkontrollen. Hierbei hat die World Anti-Doping Agency (WADA) im World Anti-Doping Code ein ausgefeiltes System von Wettkampfsperren für Sportler entwickelt, welches in Kapitel 1.5 näher dargestellt werden soll[14]. Letztlich besteht die Möglichkeit, durch Maßnahmen der Aufklärung präventiv dem Doping im Sport entgegenzuwirken[15].

All diese Maßnahmen gegen Doping im Leistungssport lassen sich jedoch nur bedingt auf den Freizeit- und Fitnesssport übertragen. Zum einen sind Dopingkontrollen im Freizeit- und Fitness-Sport bereits aus logistischen und wirtschaftlichen Gründen nicht denkbar[16]. Zum anderen wäre ein positiver Dopingbefund an keinerlei sportrechtliche Sanktionen gebunden. Darüber hinaus ist das Eigendoping nach staatlichem Recht in Deutschland nicht strafbar[17]. Schlussendlich besteht somit in Bezug auf die Sportler selbst allenfalls die Möglichkeit, Maßnahmen der Dopingprävention vom Leistungssport auf den Freizeit- und Fitness-Sport zu übertragen. Aber auch hier ist zu berücksichtigen, dass sich dopende Leistungssportler von Freizeit- und Fitness-Sportlern hinsichtlich verschiedenster innerer und äußerer Parameter unterscheiden. Es ist anzunehmen, dass sich Diskrepanzen hinsichtlich der Zahl der Dopingsubstanzkonsumenten, aber auch der Motive, des Informationsstandes, der Bezugsquellen und der Art der konsumierten Dopingsubstanzen ergeben.

Grundlage strukturierter präventiver, aber auch repressiver Anti-Doping Maßnahmen im Freizeit- und Fitness-Sport setzen mithin eine exakte Kenntnis der Gruppe der Dopenden, aber auch der Informations- und Bezugsquellen der Dopingsubstanzen in der jeweiligen Bevölkerungsgruppe voraus. Problematisch erscheint zunächst die Bestimmung des exakten Umfangs des Dopingsubstanzkonsums im deutschen Fitness-Sport. Aus methodischer Sicht ergeben sich bei sensiblen Fragestellungen, wie Fragen zur Dopingsubstanzeinnahme, aber auch zum Drogenkonsum die Gefahr, dass die untersuchten Personen diese Fragen trotz vollständiger Anonymisierung im Rahmen von Befragungen mittels Fragebögen mit einer gewissen Wahrscheinlichkeit nicht wahrheitsgemäß beantworten[18]. Dieses Problem des Dunkelfelds ergibt sich grundsätzlich bei allen Fragestellungen, deren Beantwortung zu negativen juristischen oder sozialen Konsequenzen führen[19]. Folge ist ein negativer Einfluss auf die Aussagefähigkeit der ermittelten Ergebnisse, da das Dopingproblem im Freizeit- und Fitness-Sport dann möglicherweise unterschätzt wird. Als Datenbasis für die Einleitung präventiver oder repressiver Anti-Doping Maßnahmen können

14 Vgl. hierzu World Anti-Doping Agency (WADA). World Anti-Doping Code Artikel 10-12.

15 Deutsche Sportjugend. Sport ohne Doping. www.dsj.de; Präventionskampagne „Falscher Einwurf!" des Landes-Sport-Bundes Nordrhein-Westphalen in Zusammenarbeit mit dem Ministerium für Städtebau und Wohnen, Kultur und Sport des Landes Nordrhein-Westfahlen. www.dopingfreier-sport.de

16 Die Kosten für eine einzelne Dopingkontrolle werden in der Schweiz mit 600 Schweizer Franken angegeben. Vgl. hierzu Observatorium Sport und Bewegung Schweiz. http://www.sportobs.ch/fileadmin/sportobs-dateien/Indikatoren/ INDn_4_4.pdf.

17 Vgl. hierzu Kapitel 1.5 Strafbarkeit des Dopings nach staatlichem Recht.

18 *Nordlund S, Holme I, Tmasfoss S.* Addiction 1994 (89), S. 401.

19 *Begin G, Boivin M, Bellerose J.* J Psych 1979 (101), S. 53 ff.

daher nur Untersuchungsergebnisse dienen, die hinsichtlich ihrer Reliabilität überprüft wurden.

Möglicherweise ergeben sich hierbei auch Unterschiede zwischen dem Konsum von Dopingsubstanzen auf der einen und klassischen illegalen Drogen auf der anderen Seite. Denn es ist durchaus vorstellbar, dass soziale Kontrollmechanismen der Gesellschaft hinsichtlich Dopingsubstanzen und Drogen Unterschiede aufweisen bzw. in unterschiedlichen Subpopulationen different wahrgenommen werden, da Personen in nicht unbeträchtlichem Maße in verschiedenster Hinsicht Zwängen ihres sozialen Umfeldes unterliegen.

Problematisch erscheint weiterhin die Charakterisierung der Gruppen der Dopingkonsumenten im Sinne eines reliablen Risikoprofils für die Einnahme von Dopingsubstanzen. Gerade hinsichtlich anaboler Steroide, der im Fitness-Sport am häufigsten verwendeten Substanzklasse, wird das Dopendenprofil kontrovers diskutiert. Auf der einen Seite konnte in Studien an 14- bis 17-jährigen Schülern in den Vereinigten Staaten und Europa gezeigt werden, dass der Gebrauch von anabolen Steroiden generell mit dem Konsum anderer legaler Drogen, wie Alkohol, Nikotin oder auch illegalen Drogen assoziiert ist[20]. Es wurde sogar die Vermutung geäußert, dass Dopingsubstanzen als „Gateway" für den Konsum illegaler Drogen fungieren können[21]. Hierbei wird diskutiert, dass dieser Zusammenhang zum einen auf einem engen Kontakt zum Schwarzmarkt als Bezugsquelle beider Wirkstoffklassen beruhen könne, zum anderen aber auch pharmakologische Wechselwirkungen dieser Substanzen möglicherweise eine Rolle spielen können.

Andererseits führen Komorowski und Rickert sowie Kanayama et al. in ihren Studien an amerikanischen High-School-Schülern und Patienten einer Drogenklinik an, dass die Konsumenten von Dopingsubstanzen gerade nicht ihrer Gesundheit durch die Einnahme von Dopingsubstanzen schaden, sondern eher ihre körperliche Leistungsfähigkeit steigern wollen[22]. Letztere Ansicht spricht im Gegensatz zu ersterer eher für ein spezifisches als für ein generelles Konsumentenprofil. Für die Entwicklung präventiver, aber auch repressiver Maßnahmen wäre es entscheidend, welche der beiden Ansichten unter deutschen Fitness-Sportlern der Realität entspricht.

Auf der Basis der bisher existierenden Studien kann derzeit keine abschließende Stellungnahme zu wichtigen Eigenschaften von Dopingsubstanzkonsumenten in der allgemeinen Bevölkerung getroffen werden. Dies liegt nicht zu letzt auch daran, dass viele Untersuchungen, insbesondere im angelsächsischen Sprachraum, ausschließlich an homogenen Bevölkerungssubgruppen wie High-School-Schülern

20 *Bahrke MS, Jesalis CE, Kopstein AN, Stephens JA.* Sports Med 2000 (29), S. 397 ff; *DuRant RH, Rickert VI, Ashworth CS, Newman C, Slavens G.* N Engl J Med 1993 (328), S. 922, 924; *Nilsson S, Baigi A, Marklund B, Friedlund B.* Eur J Public Health 2001 (11), S. 195 ff.

21 *Arvary D, Pope HG.* N Engl J Med 2000 (342), S. 1532.

22 *Komorowski EM, Rickert VI.* Am J Dis Child 1992 (146), S. 823 ff.; *Kanayama G, Gruber AJ, Pope HG, Borowiecki JJ, Hudson JL.* Psychother Psychosom 2001 (70), S. 137, 139.

durchgeführt wurden[23]. Die Aussagefähigkeit dieser Untersuchungen ist mithin auf die entsprechenden Altersgruppen beschränkt. Auch die Schlussfolgerungen anderer Studien, die an zum Teil hoch spezialisierten Subpopulationen, wie beispielsweise Bodybuildern, Spitzensportlern[24] oder Fußballspielern[25] durchgeführt wurden, sind nur bedingt generalisierbar.

In wieder anderen Untersuchungen, die auf den ersten Blick aus heterogeneren Populationen bestanden, wurden nur Personen befragt, die sich ihre Wirkstoffe illegal beschaffen[26] oder lediglich anabole Steroide konsumieren[27]. Zudem wurden in diesen Studien nur in nur sehr begrenztem Umfang anthropometrische Daten, soziale Indikatoren und Trainingsparameter erhoben, die jedoch für die Bestimmung eines konkreten Dopingsubstanzkonsumentenprofils von Bedeutung sein können.

1.2 Das Umfeld dopender Fitness-Sportler

Die Wahl präventiver und repressiver Anti-Doping Maßnahmen hängt entscheidend von einer Betrachtung des Umfelds der Dopingkonsumenten ab. Zu berücksichtigen sind hierbei insbesondere die Informations- und Bezugsquellen dopender Sportler. Denn es kann von entscheidender Bedeutung für die Wahl der Anti-Doping Maßnahmen sein, ob sich dopende Sportler primär bei entsprechend vorgebildeten Personen des Gesundheitswesens, namentlich Ärzten oder Apothekern oder eher in den Strukturen des Schwarzmarktes hinsichtlich Dopingsubstanzen informieren und beraten lassen.

Johnson et al. konnten in ihrer Befragung von amerikanischen High-School-Schülern zeigen, dass sich diese primär außerhalb des Gesundheitswesens über Dopingsubstanzen informieren[28]. Als Informationsquellen wurden von den Befragten vor allem Freunde, das Fernsehen und Fachmagazine genannt. Ärzte und andere Vertreter des Gesundheitswesens wurden nur von einem Viertel der Befragten als Informationsquelle genutzt. In einer weiteren Untersuchung von High-School-Schülern konnten Terney und McLain zeigen, dass in dem von Ihnen befragten Studienkollektiv vor allem das Fernsehen und Freunde als Informationsquellen dienen[29]. Auch hier spielen Ärzte eine nur untergeordnete Rolle. Dies würde dafür

23 *Buckley WE, Yesalis CE, Friedl KE, Anderson WA, Streit AL, Wright JE.* JAMA 1988 (260), S. 3441 f.; *DuRant RH, Rickert VI, Ashworth CS, Newman C, Slavens G.* N Engl J Med 1993 (328), S. 922f.; *Wichstrom L, Pedersen W.* J Stud Alcohol 2001 (62), S. 5, 7.

24 *Scarpino V, Arrigo A, Benzi G, Garattini S, LaVecchia C, Bernardi LR, Silvestrini G, Tuccimei G.* Lancet 1990 (336), S. 1048 f.

25 *Goldberg L, Elliot D, Clarke GN, MacKinnon DP, Moe E, Zoref L, Green C, Wolf SL, Greffrath E, Miller DJ, Lapin A.* JAMA. 1996 (276); S. 1555, 1556.

26 *Kanayama G, Gruber AJ, Pope HG, Borowiecki JJ, Hudson JL.* Psychother Psychosom 2001 (70), S. 137, 138.

27 *Yesalis CE, Kennedy NJ, Kopstein AN, Bahrke MS.* JAMA 1993 (270), S. 1217 f.

28 *Johnson MD, Jay MS, Shoup B, Rickert VI.* Pediatrics 1989 (83), S. 921, 922.

29 *Terney R, McLain LG.* AJDC 1990 (144), S. 99, 101.

sprechen, dass beispielsweise Aufklärungsmaßnahmen, ausgehend von Vertretern des Gesundheitswesens, eine eher geringere Erfolgsaussicht haben.

Im Gegensatz hierzu fanden Korkia und Stimson in ihrer Befragung von britischen Fitness-Sportlern, dass 35 % der von Ihnen untersuchten Fitness-Sportler, die Dopingsubstanzen gebrauchen, den Konsum ärztlich kontrollieren lassen[30]. Pope et al. konnten in einer Untersuchung von dopenden Gewichthebern zeigen, dass knapp die Hälfte der Befragten ihren Dopingkonsum gegenüber ihrem Arzt bereits erwähnt hatten[31]. Andere Untersuchungen von Fitness-Sportlern, wie beispielsweise die Befragung von Kanayama et al. machen keine Aussagen hinsichtlich der Informationsquellen zu Dopingsubstanzen[32]. Letztere Ergebnisse machen im Gegensatz zu den genannten Befragungen von Jugendlichen die Nutzung des Gesundheitswesens durch dopende Fitness-Sportler wahrscheinlich. Inwieweit deutsche Fitness-Sportler das Gesundheitswesen als Informationsquelle in Bezug auf Dopingsubstanzen nutzen, ist bisher nicht ausreichend untersucht worden.

Einen weiteren wichtigen Punkt stellen die Bezugsquellen der Dopingsubstanzkonsumenten dar. Erfolgen diese in nicht unerheblichem Maße aus dem Gesundheitswesen, so würde sich hier ein Ansatz für präventive und/oder repressive Anti-Doping Maßnahmen bieten. Sollte das Gesundheitswesen jedoch insoweit keinen Zusammenhang zum Doping im Fitness-Sport aufweisen, so würden insbesondere repressive Ansätze hier leer laufen.

Buckley et al. konnten in einer groß angelegten Befragung von amerikanischen High-School-Schülern zeigen, dass diese Dopingsubstanzen überwiegend von Strukturen des Schwarzmarktes erhalten haben[33]. Das Gesundheitswesen wurde dagegen von lediglich einem Fünftel der Befragten als Bezugsquelle genannt. Im Gegensatz hierzu konnten Terney und McLain in ihrer Untersuchung finden, dass Ärzte neben Freunden die zweitwichtigste Bezugsquelle für Dopingsubstanzen darstellen[34]. Gleiches konnten Laure et al. in einer Befragung französischer High-School-Sportler finden, die neben Freunden als zweite wesentliche Bezugsquelle Ärzte und Apotheker nannten[35].

Darüber hinaus gehen Wichstrom und Pedersen in einer Untersuchung von Jugendlichen in Norwegen davon aus, dass der in ihrer Studie ermittelte Zusammenhang zwischen dem Konsum illegaler Drogen und Dopingsubstanzen dafür spricht, dass Dopingsubstanzen in gleicher Weise wie illegale Drogen aus Strukturen des Schwarzmarktes bezogen werden[36]. In diese Richtung deuten auch die Ergebnisse

30 *Korkia P, Stimson GV.* Int J Sports Med 1997 (18), S. 557, 560.

31 *Pope HG, Kanayama G, Ionescu-Pioggia M, Hudson JI.* Addiction 2004 (99), S. 1189, 1192.

32 *Kanayama G, Gruber AJ, Pope HG, Borowiecki JJ, Hudson JL.* Psychother Psychosom 2001 (70), S. 137 ff.

33 *Buckley WE, Yesalis CE, Friedl KE, Anderson WA, Streit AL, Wright JE.* JAMA 1988 (260), S. 3441, 3443.

34 *Terney R, McLain LG.* AJDC 1990 (144), S. 99, 101.

35 *Laure P, Lecerf T, Friser A, Binsinger C.* Drugs. Int J Sports Med 2004 (25), S. 133, 135.

36 *Wichstrom L, Pedersen W.* J Stud Alcohol 2001 (62), S. 5, 11.

von DuRant et al., die ebenfalls einen positiven Zusammenhang zwischen dem Konsum legaler und illegaler Drogen und Dopingsubstanzen finden konnten[37].

Betrachtet man letztere Studienergebnisse sowie die Untersuchung von Buckley et al., so spricht vieles dafür, präventive und/oder repressive Anti-Doping Maßnahmen primär außerhalb des Gesundheitswesens anzusiedeln. Andererseits spricht insbesondere die Untersuchung von Laure et al. dafür, Ansätze zur Dopingbekämpfung jedenfalls auch im Gesundheitswesen anzusiedeln. Die Datenlage in Bezug auf den deutschen Fitness-Sport ist in gleicher Weise wie hinsichtlich der Informationsquellen bislang nicht ausreichend untersucht worden.

Die für den deutschen Fitness-Sport unzureichende Datenlage weist im Hinblick auf präventive und repressive Anti-Doping Maßnahmen, insbesondere unter ökonomischen und wirtschaftlichen Gesichtspunkten Probleme auf. Derzeit lässt sich bereits aufgrund mangelnder Kenntnis der exakten Zielgruppe der Fitness-Sportler, die mit hoher Wahrscheinlichkeit einen Dopingsubstanzkonsum betreiben, keine zielgruppenorientierte Dopingprävention im Fitness-Sport einleiten bzw. durchführen. Unter wirtschaftlichen Gesichtspunkten könnte es sich als sinnvoll erweisen, zunächst die Fitness-Studios aufzusuchen, die einen hohen Anteil an Dopingsubstanzkonsumenten aufweisen. Ist darüber hinaus auch das Konsumentenprofil dopender Fitness-Sportler bekannt, so können Anti-Doping Maßnahmen auf diese Weise individuell an das jeweilige Personenkollektiv zielgruppenorientiert angepasst werden. Hierbei sind insbesondere die Motive für den Gebrauch von Dopingsubstanzen, aber auch die Informations- und Bezugsquellen für Dopingwirkstoffe von entscheidender Bedeutung[38]. Dabei ist auch zu berücksichtigen, welche Rolle dem Gesundheitswesen zukommt.

Hinsichtlich der Einleitung und Durchführung repressiver Maßnahmen muss vor allem das Umfeld dopender Fitness-Sportler näher betrachtet werden, da nach geltendem Recht zwar die Weitergabe und Verabreichung von Dopingsubstanzen an Dritte strafbar ist, nicht jedoch die Selbstschädigung der Konsumenten durch Einnahme von Dopingwirkstoffen[39]. Unbekannt ist hierbei für den deutschen Fitness-Sport, ob die Vertriebswege für Dopingsubstanzen primär über die Trainer und Betreiber der Fitness-Studios organisiert sind, oder ob eher Vertriebsstrukturen außerhalb von Fitness-Studios in Anspruch genommen werden. Weiterhin ist nicht bekannt, ob es in Bezug auf die Vermarktungsstrukturen einen Zusammenhang zwischen Dopingsubstanzen und illegalen Drogen, wie beispielsweise Haschisch, Marihuana oder auch Kokain gibt. Darüber hinaus ist die Beteiligung des Gesundheitswesens am Vertrieb von Dopingsubstanzen ungeklärt.

Auf der Basis der genannten offenen Fragen hinsichtlich der Konsums von Dopingsubstanzen im Deutschen Fitness-Sport soll in der vorliegenden Untersuchung

37 *DuRant RH, Rickert VI, Ashworth CS, Newman C, Slavens G.* N Engl J Med 1993 (328), S. 922, 924.

38 *Striegel H, Simon P, Frisch S, Roecker K, Dietz K, Dickhuth HH, Ulrich R.* Drug Alc Depend 2006 (81), S. 11, 17 f.

39 Vgl. hierzu 1.5 Strafbarkeit des Dopings.

im zweiten und dritten Teil dieser Arbeit zunächst die Methodik und Ergebnisse der Untersuchungen der Arbeitsgruppe von Striegel et al. zum Doping im Fitness-Sport dargestellt werden[40]. In diesen Studien wurden sowohl anthropometrische Daten, wie auch soziale Indikatoren und Trainingsparameter einer heterogenen Gruppe von Fitness-Studio-Mitgliedern erhoben. Um die Hypothesen des generalisierten Drogenkonsums versus eines spezifischen, körperorientierten Konsumentenprofils zu analysieren wurden zwei logistische Regressionsmodelle errechnet. Auf der Basis verschiedener Vorhersageparameter, wie Body Mass Index, Schulbildung, Trainingsfrequenz oder Alkoholkonsum wurden ein Modell mit Einflussfaktoren für den Gebrauch von illegalen Drogen und ein zweites Modell mit Einflussfaktoren für die Einnahme von Dopingsubstanzen dargestellt, um hierdurch Gemeinsamkeiten oder Unterschiede klar und statistisch gesichert herauszuarbeiten. Darüber hinaus wurden die Informations- und Bezugsquellen hinsichtlich Dopingsubstanzen detailliert abgefragt. Zur Kontrolle der Reliabilität der ermittelten Daten wurden die Ergebnisse mittels einer aus der Psychologie stammenden Untersuchungsmethode, der sog. Randomized Response Technique, überprüft. Dies war notwendig, um tatsächlich eine verlässliche Datenbasis zu schaffen.

Auf der Basis dieser Ergebnisse werden dann im vierten Teil dieser Arbeit konkrete Vorschläge für zukünftige präventive und/oder repressive Anti-Doping Maßnahmen dargestellt. Hierbei soll insbesondere eine Beurteilung dahingehend erfolgen, ob bisherige gesetzliche Rechtsgrundlagen als ausreichend angesehen werden können oder ob von staatlicher Seite zusätzliche Regelungen notwendig sind.

1.3 Risiken und Nebenwirkungen von Dopingsubstanzen

Die gesundheitlichen Risiken und möglichen Nebenwirkungen von Dopingsubstanzen sind im Wesentlichen von drei Faktoren abhängig. Zum einen von der Art der konsumierten Substanz, zum anderen von der Wirkstoffmenge und zum dritten von den Wechselwirkungen verschiedener Wirkstoffe bei multiplem Dopingsubstanzkonsum. Im Unterschied zu Nahrungsergänzungsmitteln, die meist nur vorübergehende gesundheitliche Beeinträchtigungen verursachen[41], kann der Konsum von Dopingsubstanzen auch irreversible Schäden an verschiedenen Organsystemen bewirken[42]. Insbesondere in höherer Dosierung und bei längerfristiger Anwendung

40 *Simon P., Striegel H, Aust F, Dietz K, Ulrich R.* Addiction 2006 (101), S. 1640 ff.

41 *Kanayama G, Gruber AJ, Pope HG, Borowiecki JJ, Hudson JL.* Psychother Psychosom 2001 (70), S. 137, 139.

42 *Bryden AAG, Rothwell PJN, O`Reilly PH.* Lancet 1995 (346), S. 1306 f.; *Dickerman RD, Schaller F, Prather I.* Cardiology 1995 (86), S. 172; *Ebenbichler CF, Sturm W, Gazer H, Bodner J, Mangweth B, Ritsch A, Sandhofer A, Lechleitner M, Foger B, Patsch JR.* Atherosclerosis 2001 (158), S. 483 ff.; *Parssinen M, Kujala U, Vartiainen E, Sarna S, Seppala T.* Int J Sports Med 2000 (21), S. 225.

sind schwerste Nebenwirkungen bis hin zu Todesfällen beschrieben worden[43]. Einschränkend ist jedoch darauf hinzuweisen, dass es sich bei den dargestellten Nebenwirkungen teilweise nur um Hinweise aufgrund von Beobachtungen und nicht um wissenschaftliche Nachweise im engeren Sinne (evidence based) handelt.

Im Folgenden sollen zunächst die potentiellen Risiken und Nebenwirkungen der wesentlichen Dopingsubstanzen im Fitness-Sport – anabole Steroide und Clenbuterol –, aber auch der weiteren, im Fitness-Sport angewandten Wirkstoffe, wie Peptidhormone, Stimulantien, Cannabinoide und Kortikosteroide dargestellt werden.

1.3.1 Anabole Steroide

Am besten untersucht sind die gesundheitlichen Risiken und möglichen Nebenwirkungen des Gebrauchs anaboler Steroide[44]. Aufgrund dessen, dass anabole Steroide bereits seit den fünfziger Jahren des letzten Jahrhunderts zu Dopingzwecken im Sport eingesetzt werden, sind neben akuten Veränderungen auch Langzeitnebenwirkungen dieser Substanzklasse mehrfach in der wissenschaftlichen Literatur beschrieben worden.

Die exogene Gabe von anabolen Steroiden führt zu Veränderungen des menschlichen Steroidhormonprofils mit der Folge einer verminderten körpereigenen Steroidhormonproduktion[45]. Ursache hierfür ist eine Senkung des im Hypothalamus gebildeten Gonadotropin Releasing Factors und damit eine Suppression der Ausschüttung gonadotroper Hormone[46]. Die Verabreichung von Testosteron führt dabei zu einer stärkeren Suppression gonadotroper Hormone als beispielsweise die Gabe des Anabolikums Stanozolol, das zwar die anabolen Wirkungsqualitäten des Testosterons besitzt, jedoch geringere androgene Wirkungen aufweist[47]. Ob bzw. inwieweit diese Veränderungen nach Absetzen der Steroideinnahme reversibel sind, ist bisher nicht hinreichend untersucht. Albers et al. konnten bei 15 männlichen Bodybuildern, die die Anabolikaeinnahme im Mittel 43 Monate abgesetzt hatten, zwar in der Regel

43 *Dickerman RD, Schaller F, Prather I.* Cardiology 1995 (86), S. 172; *Hausmann R, Hammer S, Betz P.* Int J Legal Med 1998 (111) S. 261 ff.; *Madea B, Grellner W.* Lancet 1998 (352), S. 33.

44 *Heikkila R, Aho K, Heliovaara M, Hakama M, Marniemi J, Reunanen A, Knekt P.* Cancer 1999 (86), S. 312 ff.; *Melchert RB, Wedler AA. Med Sci Sports Exerc.* 1995 (27), S. 1252 ff.; *Nieminen MS, Ramo MP, Viitasalo M, Heikkila P, Karjalainen J, Mantysaari M, Heikkila J.* Eur Heart J 1996 (17), S. 1576 ff.

45 *King DS, Sharp RL, Vukovich MD, Brown GA, Reifenrath TA, Nathaniel L, Parsons KA.* JAMA 1999 (281), S. 2020, 2023 f. *Sader MA, Griffiths KA, McCredie RJ, Handelsman DJ, Celermajer DS.* J Am Coll Cardiol 2001 (37), S. 224, 227.

46 *Sader MA, Griffiths KA, McCredie RJ, Handelsman DJ, Celermajer DS.* J Am Coll Cardiol 2001 (37), S. 224, 226. *Ebenbichler CF, Sturm W, Gazer H, Bodner J, Mangweth B, Ritsch A, Sandhofer A, Lechleitner M, Foger B, Patsch JR.* Atherosclerosis 2001 (158), S. 483, 485.

47 *Thompson PD, Cullinane EM, Sady SP, Chenevert C, Saritelli AL, Sady MA.* JAMA 1989 (261), S. 1165 ff.

eine Normalisierung der körpereigenen Hormonproduktion zeigen, jedoch in Einzelfällen auch nach Jahren eine verminderte Testosteroneigenproduktion finden[48].

Als Folgen des Eingriffs in die Hormonproduktion bestimmter Hirnareale sind zudem Erregungs- und Aggressionszustände[49], Schlafstörungen[50], Essstörungen[51] sowie nach Absetzen insbesondere hoher Steroidhormongaben Depressionen und Psychosen beschrieben worden[52]. Darüber hinaus zeigten sich Abhängigkeitssymptome und Suizide[53].

Allgemeine Nebenwirkungen dieser Wirkstoffgruppe sind Haarausfall bei gleichzeitig gesteigerter Sekundärbehaarung, Akne, Wassereinlagerungen in den Körper, sowie Heiserkeit und eine irreversibel Vertiefung der Stimme[54]. Bei Männern kann es zu Störungen der Spermatogenese bei gleichzeitigem Hypogonadismus[55], einer Hypertrophie der Prostata und zu einer Gynäkomastie kommen[56]. Bei Frauen finden sich Menstruationsstörungen, eine Klitorishypertrophie, sowie Virilisierungserscheinungen[57]. Bei Jugendlichen zeigen sich vorzeitige Pubertätszeichen und eine Beschleunigung der Knochenreifung.

Darüber hinaus kann der Konsum anaboler Steroide diverse weitere pathophysiologische Reaktionen verschiedener Organsysteme, wie Erhöhung der Lebertransaminasen, Dysbalancen des Lipidstoffwechsels und morphologische Veränderungen des Herz-Kreislaufsystems verursachen[58]. Steroidbedingte Veränderungen des Lipoproteinstoffwechsels sind eine Erhöhung des LDL-Cholesterins bei gleichzeitiger Erniedrigung des HDL-Cholesterins, wobei es sich hier vermutlich um einen dosisabhängigen Effekt handelt[59]. Dieser Effekt scheint das Entstehen atherosklerotischer

48 *Albers T, Urhausen A, Kindermann W.* Dtsch Z Sportmed 2001 (52), S. S18.

49 *Bahrke MS, Yesalios CE, Wright JE.* Sports Med 1996 (22), S. 367, 371f.; *Midgley SJ, Heather N, Davies JB.* Med Sci Law 2001 (41), S. 309 ff.; *Thiblin I, Linquist O, Rajs J.* J Forensic Sci 2000 (45), S. 16.

50 *Street C, Antonio J, Cudlipp D.* Can J Appl Physiol 1996 (21), S. 421.

51 *Cole JC, Smith R, Haltford JC, Wagstaff GF.* Psychopharmacology 2003 (166), S. 424 ff.

52 Bahrke MS, Yesalios CE, Wright JE. Sports Med 1996 (22), S. 367, 375; *Parssinen M, Seppala T.* Sports Med 2002 (32), S. 83, 84; *Gruber AJ, Pope HG Jr.* Psychother Psychsom 2000 (69), S. 19 ff.

53 *Middleman AB, DuRant RH.* Sports Med 1996 (21), S. 251, 252; *Parssinen M, Seppala T.* Sports Med 2002 (32), S. 83, 84; *Brower KJ.* Curr Psychiatry Rep 2002 (4), S. 377 ff.

54 *Eklof AC, Thurelius AM, Garle M, Rane A, Sjoqvist F.* Eur J Ciln Pharmacol 2003 (59), S. 571; *Parssinen M, Seppala T.* Sports Med 2002 (32), S. 83, 84.

55 *Schurmeyer T, Knuth UA, Belkien L, Nieschlag E.* Lancet 1984 1: 417 ff. *Wagner JC.* Sports Med 1991 (12), S. 250.

56 *Parssinen M, Seppala T.* Sports Med 2002 (32), S. 83, 84.

57 *Bardin CW.* N Engl J Med 1996 (335), 52 f.

58 *Dickerman RD, Schaller F, Zachariah NY, McConathy WJ.* Clin J Sport Med 1997 (7), S. 90 ff.; *Nieminen MS, Ramo MP, Viitasalo M, Heikkila P, Karjalainen J, Mantysaari M, Heikkila J.* Eur Heart J 1996 (17), S. 1576, 1581. *Urhausen A, Albers T, Kindermann W.* Heart 2004 (90), S. 496ff.

59 *Melchert RB, Wedler AA.* Med Sci Sports Exerc. 1995 (27), S. 1252, 1253.

Veränderungen zu fördern[60]. Am kardiovaskulären System sind unter Zufuhr anaboler Steroide signifikante Erhöhungen der Herzfrequenz und des Blutdrucks, Störungen der Endothelfunktion sowie Kontraktionsstörungen der Herzmuskulatur bei gleichzeitiger linksventrikulärer Hypertrophie beschrieben worden. Darüber hinaus wird die unkontrollierte hochdosierte Einnahme anaboler Steroide mit dem Auftreten bösartiger Tumoren, vor allem Leber-, Nieren- und Prostatakarzinomen in Zusammenhang gebracht[61].

1.3.2 Clenbuterol

Clenbuterol gehört zur Gruppe der sog. Beta-2-Sympathomimetika und wird vornehmlich in inhalativer From in der Asthmatherapie eingesetzt. Beta-2-Sympathomimetika weisen ähnlich wie Stimulantien eine antriebssteigernde Wirkung auf den Organismus aus[62]. Dies ist jedoch nicht der (Haupt-)Grund des Einsatzes im Sport. Die Gruppe der Beta-2-Sympathomimetika weist daneben je nach Wirkstoff in unterschiedlicher Ausprägung anabole Nebenwirkungen auf[63]. Hierbei zeigt die wissenschaftliche Studienlage insbesondere für den Wirkstoff Clenbuterol anabole (Neben-)Wirkungen, weshalb gerade diese Substanz in der Gruppe der anabolen Wirkstoffe der Liste der verbotenen Substanzen und Methoden der WADA genannt wird[64].

Die Nebenwirkungen entsprechen im Wesentlichen denen der Gruppe der Stimulantien. Häufige Nebenwirkungen sind Herzrasen, Tremor und Unruhezustände, seltener auch Herzrhythmusstörungen oder Psychosen.

1.3.3 Peptidhormone

Die exogene Zufuhr von Peptidhormonen kann in Abhängigkeit von der verwendeten Substanz verschiedene Nebenwirkungen verursachen. Hauptvertreter im Fitness-Sport ist das Wachstumshormon. Gelegentlich wird auch Erythropoietin eingesetzt.

Die Nebenwirkungen von Wachstumshormonen decken sich zum Teil mit denen der anabolen Steroide. Bei gesunden Sportlerinnen und Sportlern kann die Anwendung von Wachstumshormonen zu erhöhten Blutzuckerspiegeln führen, was bei

60 Melchert RB, Wedler AA. Med Sci Sports Exerc. 1995 (27), S. 1252, 1256 f.; *Kuipers H, Wijnen JA, Hartgens F, Willems SMM.* Int J Sports Med 1991 (12), S. 413 ff.

61 B*ryden AAG, Rothwell PJN, O'Reilly PH.* Lancet 1995 (346), S. 1306 f.; *Heikkila R, Aho K, Heliovaara M, Hakama M, Marniemi J, Reunanen A, Knekt P.* Cancer 1999 (86), S. 312 ff.

62 *Prather ID, Brown DE, North P, Wilson JR.* Med Sci Sports Exerc 1995 (27), S. 1118, 1119 f.

63 *Clarkson PM, Thompson HS* Drugs and Sport. Sports Med 1997 (24), S. 366, 378 f.

64 Vgl. World Anti-Doping Agency (WADA). List of prohibited substances and methods 2007. www.wada-ama.org.

längerfristigem Gebrauch auch Diabetes mellitus assoziierte Nebenwirkungen verursachen kann[65]. Überdies können Wachstumshormongaben zu Wachstumsprozessen knöcherner Strukturen im Erwachsenenalter, aber auch an inneren Organen führen[66]. Beschrieben ist ein sog. Endspitzenwachstum an Nase, Kinn, Ohren, Fingern und Zehen sowie Schädigungen am Herzen und der Leber[67].

Nebenwirkungen des Erythropoietins sind eine Verschlechterung der Blutviskosität infolge des Anstiegs der Erythrozytenzahlen im Blut. Dies kann auch zu thrombembolischen Ereignissen führen[68]. Darüber hinaus ist unter Erythropoietingabe eine Erhöhung des Blutdrucks sowie eine direkte schädigende Wirkung auf das Nervensystem beschrieben worden[69].

1.3.4 Stimulantien

Zur Gruppe der Stimulantien zählen neben Ephedrin und Amphetaminen auch Kokain, eine der ältesten Dopingsubstanzen der Neuzeit überhaupt[70]. Die Wirkung von Stimulantien wird über spezielle Rezeptoren in den Körperzellen vermittelt. Über die Freisetzung der Botenstoffe Noradrenalin und Dopamin kann es zu Störungen im Zentralnervensystem, wie beispielsweise Unruhezuständen, Schlaflosigkeit und weiteren psychomotorischen Symptomen kommen[71]. Auch aggressive Symptome und das Entstehen einer psychischen Abhängigkeit sind möglich. Stimulantien unterdrücken das natürliche Ermüdungsgefühl, was dazu führt, dass autonom geschützte Energiereserven des Körpers angegriffen werden. Dies kann bei längeren intensiven Belastungen im Extremfall tödlich enden[72]. Häufig beobachtete Nebenwirkungen sind Herzrasen, Herzrhythmusstörungen und manische Zustände, seltener auch Krampfanfälle oder strukturelle Schädigungen am Herzen[73].

65 *Blackman MR, Sorkin JD, Munzer T, Bellantoni MF, Busby-Whitehead J, Stevens TE, Jayme J, O'Connor KG, Christmas C, Tobin JD, Stewart KJ, Cottrell E, St Clair C, Pabst KM, Harman SM.* JAMA 2002 (288), S. 2282 ff.; *Stacy JJ, Terrell TR, Armsey TD.* Curr Sports Med Rep 2004 (3), S. 229.

66 *Haupt HA.* Am J Sports Med 1993 (21), S. 468, 471.

67 *Hintz RL.* BMJ 2004 (328), S. 907 f; *Haupt HA.* Am J Sports Med 1993 (21), S. 468, 471.

68 *Cazzola M.* Haematologica 2002 (87), S. 232; *Corrigan B.* Clin J Sport Med 2002 (12), S. 242, 243 f. *Lage JM, Panizo C, Masdeu J, Rocha E.* Neurology 2002 (58), S. 665.

69 *Yamasaki M, Mishima HK, Yamashita H, Kashiwagi K, Murata K, Minamoto A, Inaba T.* Brain Res 2005 (1050), S. 15 ff.

70 *Freud S.* Centralblatt für die gesamte Therapie 1884, S. 289 ff.

71 *George, AJ.* Baillieres Best Pract Res Clin Endocrinol Metab 2000 (14), S. 79; *Kaplan CD, Husch JA, Bieleman B.* Addiction 1994 (89), S. 1517 ff.

72 *Magkos F, Kavouras SA.* Sports Med 2004 (34), S. 871 ff.

73 *Wedler AA, Melchert RB.* J Pharmacol Toxicol Methods 1993 (29), S. 61 ff.

1.3.5 Cannabinoide

Die Wirkungen von Cannabinoiden sind dosisabhängig. In niedrigerer Dosierung haben Cannabinoide eine euphorisierende Wirkung, während diese in hoher Dosierung dann eher dämpfend auf den Organismus wirken[74]. Die ausgelösten Erregungszustände, die mit einer Erhöhung der Herzfrequenz und des Blutdrucks einhergehen, können nicht selten auch zu Halluzinationen führen. Bei regelmäßigem Konsum kann es zur Toleranzentwicklung kommen. Dies hat zur Folge, dass die Dosierungen gesteigert werden und sich im weiteren Verlauf eine psychische Abhängigkeit entwickeln kann[75].

1.3.6 Kortikosteroide

Kortikosteroide haben wie Stimulantien und Cannabinoide eine antriebssteigernde Wirkung auf den Organismus. Unter Kortisoneinfluss kann es zu Herzrasen, Herzrhythmusstörungen und Unruhezuständen sowie manischen Phasen kommen[76]. Darüber hinaus wurden psychische Veränderungen beschrieben, einerseits euphorisierende, andererseits aber auch depressive Zustände[77].

Bei länger dauernder Einnahme können Diabetes mellitus, Osteoporose, Muskelschwäche sowie aufgrund der geschwächten Immunabwehr gehäuft Infektionskrankheiten auftreten[78]. Weitere Nebenwirkungen sind Hautatrophien, Störungen der Sexualhormonsekretion, aber auch die Entwicklung einer Steroidakne[79].

1.4 Definition des Dopings

Die Definition des Dopings war in der Vergangenheit keineswegs einheitlich. Insbesondere bei der Abgrenzung zwischen erlaubter Substitution und verbotenen Dopings waren wiederholt Schwierigkeiten aufgetreten[80]. Darüber hinaus stieß die

74 *Grotenhermen F.* Neuro Endocrinol Lett 2004 (25), S. 14

75 *Kouri EM, Pope HG Jr.* Exp Clin Psychopharmacol 2000 (8), S. 483ff.; *Pope HG Jr, Gruber AJ, Hudson JI, Huestis MA, Yurgelun-Todd D.* Arch Gen Psychiatry 2001 (58), S. 909 ff.

76 *Huerta C, Lanes SF, Garcia Rodriguez LA.* Epidemiology 2005 (16), S. 360

77 *Bolanos SH, Khan DA, Hanczyc M, Bauer MS, Dhanani N, Brown ES.* Ann Allergy Asthma Immunol 2004 (92), S. 500 ff.

78 *Trombetti A, Pennisi P, Rizzoli R.* Rev Prat 2004 (54), S. 2132 ff.

79 *El O, Gulbahar S, Ceylan E, Ergor G, Sahin E, Senocak O, Oncel S, Cimrin A.* J Investig Allergol Clin Immunol 2005 (15), S. 57 ff.; *Monk B, Cunliffe WJ, Layton AM, Rhodes DJ.* Clin Exp Dermatol 1993 (18), S. 148, 149 f.

80 In Abgrenzung zum Doping wird unter Substitution der Einsatz von erlaubten, für den Körper notwendigen Substanzen, die vom Körper nicht oder nicht ausreichend synthetisiert werden können und deren ungenügende Zufuhr die sportliche Leistungsfähigkeit beeinträchtigt verstanden.

zuletzt vom Internationalen Olympischen Komitee (IOC) erarbeitete Dopingdefinition wegen mangelnder Bestimmtheit auf große Kritik unter Rechtswissenschaftlern. Eine klare und eindeutige Definition des Dopings ist jedoch unerlässliche Grundlage für Dopingsanktionen. Im Folgenden soll der Wandel der Dopingdefinition in den letzten 50 Jahren skizziert werden.

Einen ersten Meilenstein in der Entwicklung stellte die vom Europarat 1963 beschlossene Definition des Dopings dar[81]:

> „Doping ist die Verabreichung oder der Gebrauch körperfremder Substanzen in jeder Form und physiologischer Substanzen in abnormaler Form oder auf abnormalem Wege an gesunde Personen mit dem einzigen Ziel der künstlichen und unfairen Steigerung der Leistung für den Wettkampf. Außerdem müssen verschiedene Maßnahmen zur Leistungssteigerung des Sportlers als Doping angesehen werden.
>
> Wird eine notwendige Behandlung mit Mitteln durchgeführt, die auf Grund ihrer Natur oder Dosis die körperliche Leistung über das normale Niveau zu heben imstande sind, so gilt dies als Doping und schließt die Wettkampffähigkeit aus."

Die Definition des Dopings des Europarates war geprägt von moralischen und ethischen Aspekten wie „Fairness" und dem Merkmal der „Leistungssteigerung". Unklar sind insoweit die Begriffe der notwendigen Behandlung und des Anhebens der körperlichen Leistungsfähigkeit über das normale Maß hinaus[82]. Darüber hinaus fehlen dieser Definition die konkrete Bezeichnung der verbotenen Substanzen oder genaue Durchführungsbestimmungen über den Ablauf von Dopingkontrollen. Hierzu kam es erstmals in den am 26.09.1970 vom Deutschen Sportbund (DSB) erlassenen Rahmenrichtlinien zur Bekämpfung des Dopings. In der Fassung vom 03.12.1977 war Doping wie folgt definiert[83]:

> „Doping ist der Versuch der unphysiologischen Steigerung der Leistungsfähigkeit des Sportlers durch Anwendung (Einnahme, Injektion oder Verabreichung) einer Dopingsubstanz durch den Sportler oder einer Hilfsperson (z.B. Mannschaftsleiter, Trainer, Betreuer, Arzt, Pfleger oder Masseur) vor einem Wettkampf oder während eines Wettkampfes und für die anabolen Hormone auch im Training.

81 Vgl. hierzu *Prokop L* in: Acker H, S. 28.

82 Bei einer derartigen Definition könnte man die Gabe von Hormonen bei erniedrigten Hormonspiegeln im Blutserum aufgrund extensiven Ausdauertrainings noch als Substitution ansehen, da es insoweit nur um die Wiederherstellung eines physiologischen Zustandes geht und nicht um eine Anhebung der Leistungsfähigkeit über das normale Maß hinaus. Vgl. hierzu *Dickhuth HH, Striegel H* in: Digel H, Dickhuth HH, S. 87, 91ff.

83 In der letzten Änderung der Rahmenrichtlinien zur Bekämpfung des Dopings des Deutschen Sportbundes (DSB) vom 01.12.2001 wurde Doping definiert als der Versuch der Steigerung der Leistungsfähigkeit des Sportlers durch Anwendung (Einnahme, Injektion oder Verabreichung) von Substanzen der verbotenen Wirkstoffgruppen oder durch die Anwendung verbotener Methoden (z.B. Blutdoping). Die Liste der verbotenen Wirkstoffgruppen umfasst z. B. Stimulanzien, Narkotika, anabole Substanzen, Diuretika, Peptidhormone und Verbindungen, die chemisch, pharmakologisch oder von der angestrebten Wirkung her verwandt sind sowie Cannabinoide. Sportartspezifisch können weitere Substanzen und Wirkstoffgruppen, z. B. Alkohol, Sedativa, Psychopharmaka, Beta-Blocker unter den Doping-Substanzen aufgeführt werden.

> Dopingsubstanzen in Sinne dieser Richtlinien sind insbesondere Phenylethylaminderivate (Weckamine, Ephedrine, Adrenalinderivate), Narkotika, Analeptika (Kampfer und Strychninderivate) und anabole Substanzen. Sportartspezifisch können weiter Substanzen, z.B. Alkohol, Sedativa, Psychopharmaka unter den Dopingsubstanzen aufgeführt werden.“

In der Definition des DSB wurde erstmals die Trennung zwischen Doping in Trainingsphasen und Doping im Zusammenhang mit dem Wettkampf vorgenommen. Allerdings waren Dopingsubstanzen außerhalb des Trainings auf die Gruppe der anabolen Hormone beschränkt. Zudem wurde Doping weiterhin am Merkmal der „unphysiologischen Leistungssteigerung“ festgemacht. Dies hat namhafte Sportmediziner der damaligen Zeit dazu veranlasst, beispielsweise die exogene Gabe von Testosteron bei erniedrigten Werten im Blutserum nicht unter den Begriff des Dopings zu subsumieren, da es sich hierbei lediglich um eine medizinisch notwendige Therapie handle und nicht der Versuch der unphysiologischen Leistungssteigerung gewollt sei[84].

Zur ersten gesetzlichen Regelung des Dopingbegriffs in Deutschland kam es 1994 im Gesetz zu dem Übereinkommen vom 16. November 1989 gegen Doping[85]. In Artikel 2 des Übereinkommens wurde folgende Dopingdefinition gewählt:

> „Im Sinne dieses Übereinkommens bedeutet Doping im Sport die Verabreichung pharmakologischer Gruppen von Dopingwirkstoffen oder Dopingmethoden an Sportler und Sportlerinnen oder die Anwendung solcher Wirkstoffe oder Methoden durch diese Personen.“

Pharmakologische Gruppen von Dopingwirkstoffen und Dopingmethoden wurden definiert als

> „...diejenigen Gruppen von Dopingwirkstoffen oder Dopingmethoden, die von den betreffenden internationalen Sportorganisationen verboten wurden und in Listen aufgeführt sind, welche nach Artikel 11, Absatz 1 Buchstabe b von der Beobachtenden Begleitgruppe bestätigt wurden.“

Im Anhang ist dann folgende Bezugsliste der pharmakologischen Gruppen von Dopingwirkstoffen und Dopingmethoden aufgeführt[86]:

84 Bei intensiver körperlicher Belastung über längere Zeit kann es physiologischer Weise zu einer Erniedrigung der Testosteronwerte im Blutserum kommen. Vgl. hierzu Fernandez-Garcia B, Lucia A, Hoyos J, Chicharro JL, Rodriguez-Alonso M, Bandres F, Terrados N. Int J Sports Med. 2002 (23), S. 555.

85 BGBl. 1994, II, 334, 336 ff. Vgl. hierzu auch Haas U. SpuRt 1996, S. 107, Winkler KR. Deutsche Apotheker Zeitung 2000 (140), S. 53.

86 BGBl. 1994, II, 334, 350 f. Die Bezugsliste der pharmakologischen Gruppen von Dopingwirkstoffen und Dopingmethoden wurde zum 01.01.2003 geändert. Vgl. hierzu BGBl. 2003, II, 320 ff. Wesentliche Änderungen waren die Aufnahme von Wirkstoffen mit antiöstrogener Wirkung und Maskierungsmittel in Gruppe von Dopingwirkstoffen und die Streichung der Beta-Blocker aus dieser Gruppe. Beta-Blocker sind nun in der Gruppe der Wirkstoffe aufgeführt, die bestimmten Einschränkungen unterliegen. In die Gruppe der verbotenen Methoden wurde darüber hinaus das Gendoping aufgenommen. Marihuana wurde in Cannabinoide umbenannt. Die Änderungen entsprechen jedoch nicht der aktuell gültigen Liste der verbotenen Substanzen und Methoden der WADA.

I. Gruppen von Dopingwirkstoffen	
Stimulantien Narkotika Anabole Steroide	Beta-Blocker Diuretika Peptidhormone und entsprechende Wirkstoffe
II. Dopingmethoden	
Blutdoping Pharmakologische, chemische und physikalische Manipulationen	
III. Gruppen von Wirkstoffen, die bestimmten Einschränkungen unterliegen	
Alkohol Marihuana	Lokalanästhetika Kortikosteroide

Tab. 1: Bezugsliste der pharmakologischen Gruppen von Dopingwirkstoffen und Dopingmethoden entsprechend dem Gesetz zum Übereinkommen gegen Doping.

Nach dieser zunehmend klareren Definition des Dopingbegriffs und der Abkehr vom Merkmal der „Leistungssteigerung" wurde die Definition des Dopings im Anti-Doping Code der Olympischen Bewegung im Jahre 2000 als Rückschritt betrachtet[87]. Der Anti-Doping Code der Olympischen Bewegung enthielt folgende zweiteilige Definition:

> „Doping ist der Gebrauch einer Substanz oder Methode, die möglicherweise für die Gesundheit des Sportlers schädlich ist und/oder fähig ist, die Leistung des Sportlers zu steigern,
>
> oder
>
> der Nachweis einer verbotenen Substanz im Körper des Sportlers oder der Beweis des Gebrauchs einer solchen Substanz oder Beweis des Gebrauchs einer verbotenen Methode."

Während der zweite Teil dieser Dopingdefinition dem bisherigen Wortlaut, der auch in die Satzungen und Ordnungen vieler nationaler und internationaler Sportfachverbände übernommen wurde, entsprach, war der erste Teil durch die Einführung der Merkmale der „möglichen Gesundheitsschädigung" und „möglichen Leistungssteigerung" unklar und offen für unterschiedliche Interpretationen[88]. Aus der Dopingstrafenregelung ergibt sich darüber hinaus, dass außer dem Doping selbst auch der Gebrauch maskierender Substanzen, Testmanipulationen jeglicher Art, das

87 International Olympic Comittee (IOC). Olympic Movement Anti-Doping Code. www.olympics.org.

88 Unabhängig von der Art der Substanz kann bei entsprechend hoher Dosierung mit jeder pharmakologischen Substanz möglicherweise eine Gesundheitsschädigung erzielt werden. Dies gilt auch für den exzessiven Gebrauch von Vitaminen oder Mineralstoffen, deren Einnahme ganz allgemein nicht unter dem Dopingbegriff fällt. Vgl. hierzu auch *Haug T. In Nickel R, Rous T.* S. 34, 47.

sich der Dopingkontrolle Entziehen sowie die Förderung, Billigung und den Handel mit Dopingsubstanzen durch Athleten und Betreuer verboten sind.

Die Definition des Dopings wurde mit Gründung der Word Anti-Doping Agency (WADA) und Einführung des World Anti-Doping Code 2003 grundlegend neu gefasst. Der World Anti-Doping Code soll einen einheitlichen internationalen Standard bilden[89]. Die oben genannte Zweiteilung von Dopingvergehen und anderen Anti-Doping Regelverletzungen wurde im World Anti-Doping Code aufgegeben. Der World Anti-Doping Code unterscheidet nun zwischen der Definition des Dopings (Artikel 1 des Codes) und den Anti-Doping Regelverletzungen (Artikel 2 des Codes). Doping ist definiert als das Vorkommen einer oder mehrerer Anti-Doping Regelverletzungen, die in Artikel 2.1 bis 2.8 des Codes genannt sind (Tab. 2). Neu ist damit, dass nun auch Sportmediziner, Trainer oder sonstige Betreuer den Tatbestand des Dopings erfüllen können. Bisher konnten diese Personenkreise nur andere Anti-Doping Regelverletzungen begehen.

Gem. Artikel 4.1 des World Anti-Doping Codes wird von der WADA so oft wie notwendig, jedoch mindestens einmal jährlich eine Liste der im Sport verbotenen Substanzen herausgeben, die ebenfalls einen einheitlichen internationalen Standard bilden soll[90]. Dies ist mit Inkrafttreten der Liste der verbotenen Substanzen und Methoden 2004 zum 1. Januar 2004 erstmals geschehen. Das dritte Update der Liste der verbotenen Substanzen und Methoden ist am 1. Januar 2007 verbindlich geworden. Dabei wird zwischen verbotenen Substanzen und Methoden in und außerhalb von Wettkämpfen, verbotenen Substanzen in Wettkämpfen sowie Substanzen, die nur in bestimmten Sportarten verboten sind, unterschieden (Tab. 3). Die überwiegende Zahl der Dopingsubstanzen unterliegt dabei in Deutschland den Bestimmungen des Arzneimittelgesetzes (AMG).

89 World Anti-Doping Agency (WADA). World Anti-Doping Code. www.wada-ama.org.

90 World Anti-Doping Agency (WADA). The 2007 Prohibited List International Standard. www.wada-ama.org. Um einen Wirkstoff in die Liste der verbotenen Substanzen und Methoden aufnehmen zu können müssen mindestens zwei der drei folgenden Kriterien vorliegen:
1. Medizinische oder wissenschaftliche Beweise, pharmakologische Effekte oder Erfahrungen, dass die Substanz oder Methode das Potential hat, die Leistungsfähigkeit des Sportlers zu steigern.
2. Medizinische oder wissenschaftliche Beweise, pharmakologische Effekte oder Erfahrungen, dass der Gerbrauch der Substanz oder Methode ein akutes oder langfristiges Gesundheitsrisiko für den Sportler darstellt.
3. Die Feststellung der WADA, dass der Gerbrauch der Substanz oder Methode den Geist des Sports, wie er in der Einleitung des World Anti-Doping Codes beschrieben ist, verletzt.

Definition des Dopings:	
Das Vorkommen einer oder mehrerer Anti-Doping Regelverletzungen, die in Artikel 2.1 bis 2.8 des Codes genannt sind.	
Anti-Doping Regelverletzungen:	
1. Nachweis einer verbotenen Substanzen oder ihrer Metaboliten oder Marker. 2. Gebrauch oder versuchter Gebrauch einer verbotenen Substanz oder Methode. 3. Weigerung sich Dopingkontrollen zu unterziehen oder ungerechtfertigtes Fernbleiben.	4. Verstoß gegen die Meldepflicht bei Trainingskontrollen. 5. Sonstige Manipulationen bei Dopingkontrollen. 6. Besitz einer verbotenen Substanz oder Methode. 7. Handeltreiben. 8. Anwendung einer verbotenen Substanz oder Methode.

Tab. 2: Dopingdefinition der WADA im World Anti-Doping Code 2003.

Dopingdefinition und die Liste der verbotenen Substanzen und Methoden haben aufgrund dessen, dass im Freizeit- und Fitness-Sport keine Dopingkontrollen durchgeführt werden, auf den ersten Blick nicht diesen direkten Bezugspunkt wie sie dies im Leistungs- und Hochleistungssport haben. Auch ist die Zahl der im Fitness-Sport angewandten Dopingsubstanzen im Vergleich zum Leistungssport eher beschränkt und konzentriert sich im Wesentlichen auf anabole Substanzen.

Trotzdem muss berücksichtigt werden, dass das Gesetz zum Übereinkommen gegen Doping auf die von den internationalen Sportorganisationen erstellte Liste der verbotenen Substanzen und Methoden und die darin aufgeführten Wirkstoffgruppen verweist. Im Arzneimittelgesetz findet sich wiederum ein Verweis auf die Bezugsliste des Gesetzes zum Übereinkommen gegen Doping[91]. Insoweit haben sportrechtlichen Regelungen jedenfalls indirekt einen Einfluss auf gesetzliche Anti-Doping Maßnahmen. Darüber hinaus ist auch die Dopingdefinition im Gesetz zum Übereinkommen gegen Doping von den Dopingdefinitionen der internationalen Sportorganisationen abgeleitet, wenngleich bisher eine Anpassung der gesetzlichen Dopingdefinition an die im World Anti-Doping Code enthaltene Definition ausgeblieben ist.

91 Vgl. hierzu § 6a, Abs. 2 AMG.

Verbotene Substanzen in und außerhalb von Wettkämpfen:	
S1. Anabole Wirkstoffe (Anabole Steroide, Clenbuterol, Zeranol und Zilpaterol). **S2.** Peptidhormone. **S3.** Beta-2 Agonisten*.	**S4.** Wirkstoffe mit antiöstrogener Aktivität. **S5.** Diuretika und andere Maskierungsmittel (z.B. HES).
*Formoterol, Salbutamol, Salmeterol und Terbutalin in inhalativer Form sind mit Ausnahmegenehmigung (im vereinfachten Verfahren) zulässig.	
Verbotenen Substanzen außerhalb von Wettkämpfen:	
S6. Stimulantien. **S7.** Narkotika (z.B. Morphin, Heroin).	**S8.** Cannabinoide. **S9.** Glukokortikosteroide**.
**Glukokortikosteroide in nicht systemischer Verabreichungsart sind mit Ausnahmegenehmigung (im vereinfachten Verfahren) zulässig. Applikationen an der Haut und auf Schleimhäuten sind nicht mehr anzeigepflichtig.	
Verbotenen Methoden in und außerhalb von Wettkämpfen:	
M1. Verbesserung des Sauerstofftransfers. **M2.** Chemische und physikalische Manipulation. **M3.** Gendoping.	
Verbotene Substanzen in bestimmten Sportarten:	
P1. Alkohol. **P2.** Beta-Blocker.	

Tab. 3: Überblick über die Liste der verbotenen Substanzen 2007.

Zusammenfassend lässt sich feststellen, dass die Entwicklung der Dopingdefinition und der Liste der verbotenen Substanzen und Methoden nicht nur auf den Leistungssport Einfuß hatte, sondern auch Bezüge zum Freizeit- und Fitness-Sport aufweist, die im Hinblick auf präventive und repressive Anti-Doping Maßnahmen von Bedeutung sein können.

1.5 Strafbarkeit des Gebrauchs von Dopingsubstanzen

Der Gebrauch von Dopingsubstanzen ist nach deutschem Recht in mehrfacher Hinsicht staatlichen und berufsrechtlichen Regelungen unterworfen. Hinsichtlich der Strafbarkeit nach staatlichem Recht kommen insbesondere die Regelungen des Strafgesetzbuches (StGB), des Betäubungsmittelgesetzes (BtMG) und des Arzneimittelgesetzes (AMG) in Betracht. In Bezug auf berufsrechtliche Vorschriften kann bei Ärzten ein Verstoß gegen die in den Berufsordnungen niedergelegten Grundsätze vorliegen.

1.5.1 Strafbarkeit nach berufsrechtlichen Regelungen

Verschreibt ein Arzt einem Sportler Dopingsubstanzen zum Zwecke der Leistungssteigerung im Sport oder verabreicht er derartige Substanzen, so kann darin ein Verstoß gegen die Berufsordnungen vorliegen[92]. Zwar handelt es sich bei den Berufsordnungen der Ärzte um von den Landesärztekammern erlassene Vorschriften, jedoch bildet die vom Deutsche Ärztetag beschlossene Musterberufsordnung (MBO-Ä) die Grundlage für die jeweiligen landesrechtlichen Vorschriften, so dass sich zwischen diesen keine wesentlichen Unterschiede ergeben.

Gem. § 1, Abs. 1, 2 MBO-Ä[93] ist es Aufgabe der Ärztinnen und Ärzte der Gesundheit des einzelnen Menschen und der Bevölkerung zu dienen, darüber hinaus auch das Leben zu erhalten, die Gesundheit zu schützen und wiederherzustellen, Leiden zu lindern. Dem widerspricht eindeutig, wenn ein Mediziner einem Sportler Substanzen verabreicht, die nicht medizinisch indiziert sind, sondern dem Zwecke der Leistungssteigerung dienen. Darüber hinaus verletzen Ärzte die in der MBO-Ä festgelegten Verhaltensregeln korrekter ärztlicher Berufsausübung, denn eine Behandlung von Sportlern mit Dopingsubstanzen entspricht nicht den Regeln der ärztlichen Kunst[94].

Verstöße gegen die Vorschriften der Berufsordnung sind nach den jeweiligen Bestimmungen der Heilberufsgesetze von der Berufsgerichtsbarkeit zu ahnden. Als berufsgerichtliche Maßnahmen kommen Warnung, Verweis, Geldbuße sowie die Aberkennung der Mitgliedschaft, des Wahlrechts und der Wählbarkeit in die Kammer in Frage[95].

1.5.2 Strafbarkeit nach den Regelungen des Strafgesetzbuches

1.5.2.1 Tötungsdelikte

Zunächst denkbar ist eine Strafbarkeit des Dopings gem. § 211 StGB, § 212 StGB oder § 222 StGB, da Doping auch einen tödlichen Ausgang nehmen kann[96]. Dabei ist zwischen der eigenverantwortlichen Selbsttötung bzw. der Beteiligung daran und

92 Die Kammergesetze der Länder ermächtigen die Ärztekammern, die Körperschaften des öffentlichen Rechts sind, zum Erlass von Berufsordnungen.

93 (Muster-) Berufsordnung für die deutschen Ärztinnen und Ärzte – MBO-Ä 1997 – in der Fassung der Beschlüsse des 100. Deutschen Ärztetages 1997 in Eisenach, zuletzt geändert durch die Beschlüsse des 107. Deutschen Ärztetages in Bremen 2004.

94 Vgl. MBO-Ä C. Nr. 2, wo die Behandlungsgrundsätze für Ärztinnen und Ärzte festgelegt sind. Zur Frage, ob es sich beim Doping durch Ärzte überhaupt um eine ärztliche Tätigkeit handelt *Franz K, Hartl M.* NJW 1988, S. 2277 ff.

95 Vgl. hierzu § 58 Heilberufe-Kammergesetz Baden Württemberg in der Fassung vom 14. Februar 2006. GBl. BW vom 17.02.2006, S. 23.

96 *Parzeller M.* Dtsch Z Sportmed 2001 (52), S. 162, 163f.; *Linck J.* NJW 1987, S. 2545, 2548 f.; *Linck J.* MedR 1993, S. 55, 57 f.

den Fällen der Fremdtötung zu unterscheiden. In der Praxis werden diese Fälle eine eher untergeordnete Rolle spielen, da Dopingsubstanzen allenfalls bei exzessiver Einnahme direkt tödliche Folgen haben können[97]. In den weitaus meisten Fällen wird es sich beim Konsum von Dopingsubstanzen um langfristige Gesundheitsschäden handeln, die erst nach Jahren oder Jahrzehnten zu tödlichen Komplikationen führen können[98]. Dann wird eine Strafbarkeit aber meist am Merkmal der Kausalität scheitern, da nach Jahren bzw. Jahrzehnten in der Regel nicht mehr nachgewiesen werden kann, dass die tödlichen Folgen auf den zurückliegenden Konsum von Dopingsubstanzen zurückzuführen sind.

Eine straflose Selbsttötung[99] liegt dann vor, wenn ein Sportler in freier Verantwortung Dopingsubstanzen konsumiert und sich der tödlichen Wirkung bzw. des tödlichen Risikos der zugeführten Substanzen vollumfänglich bewusst ist. Denn eine Strafbarkeit gem. § 211 StGB, § 212 StGB oder § 222 StGB setzen voraus, dass ein anderer Mensch getötet wird[100]. Werden in der genannten Fallkonstellation die Dopingsubstanzen dem Sportler von einem Dritten – Arzt, Trainer oder sonstige Personen – verschafft, so macht sich dieser ebenfalls nicht strafbar, da es an einer vorsätzlichen rechtswidrigen Haupttat fehlt[101]. Dies gilt jedoch nur für den Fall der Beihilfe zur Selbsttötung und nicht der Beteiligung an einer Fremdtötung, die als Anstiftung oder Beihilfe zum Mord oder Totschlag strafbar wäre.

Entscheidendes Kriterium für die Abgrenzung zwischen strafloser Teilnahme an einer Selbsttötung und strafbarer Teilnahme an einer Fremdtötung ist das Merkmal der Tatherrschaft[102]. Aus der Tatherrschaftslehre[103] folgt, dass für den Fall des Dopings dann eine straflose Selbsttötung vorliegt, wenn der Sportler die tödlich wirkenden Dopingsubstanzen zwar von einem Dritten erhält, diese jedoch eigenverantwortlich in vollem Bewusstsein der möglichen tödlichen Folgen konsumiert. Auch die Fälle, in denen der Sportler die Dopingsubstanzen von einem garantenpflichtigen Dritten erhält, sind nicht anders zu beurteilen, da anderenfalls die Grundsätze der freiverantwortlichen Selbsttötung unterlaufen werden würden[104].

97 *Otto H.* SpuRt 1994, S. 10, 11. Kritisch hierzu *Linck J.* MedR 1993 55, 57, der darauf verweist, dass bereits mehr als 100 Sportler aufgrund des Konsums von Dopingsubstanzen gestorben sind.

98 Vgl. hierzu 1.3.1.

99 Ausführlich zur Selbsttötung Tröndle/Fischer vor §§ 211-216, Rdn. 10; BGHSt 32, S. 262 265; BGH NStZ 1987, S. 406.

100 Tröndle/Fischer vor §§ 211-216, Rdn. 10; Schönke/Schröder-Eser vorbem 211 ff., Rdn. 33; BGHSt 32, S. 262.

101 BGHSt 2, S. 150, 152; BGHSt 32, S. 262, 264; BGHSt 32, S. 367, 371.

102 Zur Abgrenzung zwischen strafloser Teilnahme an einer Selbsttötung und strafbarer Teilnahme an einer Fremdtötung Schönke/Schröder-Eser vorbem 211 ff., Rdn. 33 ff.

103 Zu den einzelnen Theorien zur Abgrenzung zwischen Täterschaft und Teilnahme Schönke/Schröder-Cramer/Heine vorbem §§ 25 ff., Rdn. 51 ff.; zu der in der Rechtsprechung vorherrschenden subjektiven Theorie BGH NJW 1951, S. 393, 410.

104 Vgl. hierzu Tröndle/Fischer vor §§ 211-216, Rdn. 12

Etwas anderes kann sich jedoch dann ergeben, wenn der Dritte aufgrund seines Berufes eine besondere oder überlegene Sachkunde[105] hinsichtlich Dopingsubstanzen aufweist. Dies kommt namentlich für Ärzte in Frage, da es sich bei der überwiegenden Mehrzahl der auf dem Markt erhältlichen Dopingsubstanzen um klassische Medikamente handelt, die primär für die Behandlung von Krankheiten entwickelt wurden und erst sekundär zu Dopingzwecken eingesetzt werden bzw. wurden. Aufgrund des überlegenen Sachwissens des Arztes gegenüber dem Sportler wird man in dieser Fallkonstellation von einer Tatherrschaft des dopenden Arztes ausgehen können, so dass der Tatbestand der Fremdtötung erfüllt sein wird.

Werden dem Sportler durch einen Dritten Dopingsubstanzen verabreicht und hat dieser Dritte dabei die Tatherrschaft inne, so kann dies, wenn der Sportler durch die verwendeten Dopingsubstanzen zu Tode kommt, den Tatbestand des Totschlags (§ 212 StGB) oder Mordes (§ 211 StGB) erfüllen. Dabei handelt es sich jedoch eher um theoretische Fallkonstellationen als um praktische Anwendungsbeispiele der §§ 211, 212 StGB, da Dopingsubstanzen in der Regel zum Zwecke der Leistungssteigerung[106] oder zur Verbesserung des Aussehens[107] verabreicht werden, der Tod des Sportlers aber weder gewollt noch billigend in Kauf genommen wird. Zwar reicht für den subjektiven Tatbestand dolus eventualis[108], also ein Täter, der den Tod des Sportlers aus Gleichgültigkeit in Kauf nimmt, aus. Dennoch wir man in der überwiegenden Anzahl der Fälle nicht annehmen können, dass beispielsweise ein Arzt einem Sportler Dopingsubstanzen verabreicht und es ihm dabei gleichgültig ist, ob die betreffende Person dabei verstirbt. Vielmehr wird man annehmen können und müssen, dass der verabreichende Täter gerade nicht davon ausgeht, dass der Sportler durch die Gabe von Dopingsubstanzen tödliche Folgen erleidet.

Gemäß § 216 StGB ist die Tötung auf Verlangen strafbar[109]. Eine Einwilligung rechtfertigt nicht.

In Frage kommt weiterhin eine Strafbarkeit als fahrlässige Tötung, § 222 StGB, wenn die Verabreichung oder Verschreibung von Dopingsubstanzen zum Tod des Sportlers führt, der Täter aber nicht vorsätzlich gehandelt hat oder Vorsatz nicht nachweisbar ist. Fahrlässig handelt, wer die im Verkehr gebotenen Sorgfaltspflichten verletzt[110]. Dies ist bei fahrlässigen Erfolgdelikten dann der Fall, wenn der Eintritt des Erfolges durch Anwendung der gebotenen Sorgfalt hätte vermieden werden können. Nach ganz h. M. ist dabei ein objektiver Maßstab entscheidend, nämlich

105 Zur mittelbaren Täterschaft kraft Wissensherrschaft Lackner/Kühl § 25, Rdn. 4, strittig; ausführlich MünchKomm-Joecks § 25, Rdn. 70 ff.

106 *Otto H.* SpuRt 1994, S. 10, 11.

107 *Striegel H, Simon P, Frisch S, Roecker K, Dietz K, Dickhuth HH, Ulrich R.* Drug Alc Depend 2006 (81), S. 11, 16.

108 Ausführlich zum Dolus evetualis Schönke/Schröder-Cramer/Sternberg-Lieben § 15, Rdn. 72 ff.; MünchKomm-Joecks § 16, Rdn. 18 ff.

109 Schönke/Schröder-Eser § 216, Rdn. 1 ff.; zur möglichen Straffreiheit einer Tötung auf Verlangen Kutzer K. ZRP 1997, S. 117, 119.

110 Schönke/Schröder-Cramer/Sternberg-Lieben § 15, Rdn. 116; Linck J. NJW 1987, 2545, 2548; Otto H. SpuRt 1994, S. 10, 14.

welche Sorgfaltspflichten jemand aufgrund seiner beruflichen Ausbildung zu erbringen im Stande ist[111]. Folglich ist hier zu unterscheiden, ob der Sportler die Dopingsubstanzen von einem Arzt oder einem sonstigen Betreuer verschrieben bzw. verordnet bekommt[112].

Werden Dopingsubstanzen einem Sportler von einem Arzt verschrieben oder verabreicht, so kann erwartet werden, dass der Arzt die in der medizinischen Wissenschaft allgemein bekannten Wirkungen und Nebenwirkungen der angewandten Substanzen kennt[113]. Hierzu gehören auch die Wechselwirkungen mit anderen Wirkstoffen oder Medikamenten[114]. In Bezug auf Dopingsubstanzen sind dies insbesondere die möglichen langfristigen Gesundheitsschäden an inneren Organen und am Herz-/Kreislaufsystem[115].

Etwas anderes ergibt sich auch nicht unter dem Gesichtspunkt des „erlaubten Risikos", wonach es dem Arzt erlaubt ist, ein Medikament in Kenntnis seiner möglichen negativen Auswirkungen auf den Organismus zu verordnen, um vom Sportler die Gefahr schwerer wiegender Gesundheitsschäden abzuwenden[116]. Denn die Verabreichung von Dopingsubstanzen an Sportler kann unter keinem denkbaren Gesichtspunkt dahingehend gesehen werden, dass durch die Gabe dieser Wirkstoffe andere, schwerwiegende gesundheitliche Schäden vermieden werden können.

Werden dem Sportler von anderen Betreuern Dopingsubstanzen verabreicht, so ist hinsichtlich der Kenntnis von Wirkungen und Nebenwirkungen ein weniger strenger Sorgfaltsmaßstab anzulegen als bei Ärzten[117]. Allerdings ist der Sorgfaltspflichtverstoß bei anderen Betreuern auch darin zu sehen, dass im Falle von Dopingsubstanzen überhaupt verschreibungspflichtige Wirkstoffe weitergegeben bzw. verabreicht werden, von denen allgemein bekannt ist, dass der medizinische Laie mögliche gesundheitliche (Neben-) Wirkungen nicht sicher abschätzen kann.

Unbeachtlich ist im Falle der fahrlässigen Tötung eine Einwilligung des Sportlers in ein sich realisierendes tödliches Risiko. Denn der Einwilligung kommt auch hier

111 Schönke/Schröder-Cramer/Sternberg-Lieben § 15, Rdn. 112; vgl. hierzu auch die Maßstäbe der „subjektiven Erkennbarkeit" und „individuellen Vorhersehbarkeit und Vermeidbarkeit", MünchKomm-Duttge § 15, Rdn. 106.

112 Nach h. M. ist im Arzthaftungsrecht zudem auf die individuelle Sorgfaltspflicht abzustellen. Grundsätzlich hat ein Arzt einer bestimmten Fachrichtung bei jeder therapeutischen Maßnahme den Facharztstandard zu gewährleisten. Ist er jedoch in der entsprechenden Fachrichtung höher qualifiziert, so gilt für ihn ein gesteigerter Sorgfaltsmaßstab. Vgl. hierzu Laufs/Uhlenbruck-Laufs § 99, Rdn. 11.

113 Vgl. ausführlich zu den Pflichten bei der Verordnung von Medikamenten Laufs/Uhlenbruck-Laufs § 62, Rdn. 8 ff.

114 Laufs/Uhlenbruck-Laufs § 62, Rdn. 8.

115 Vgl. hierzu Kapitel 1.3.1

116 So werden beispielsweise in der Therapie von Karzinomen oder Infektionskrankheiten (z.B. Hepatitis C, HIV) Medikamente eingesetzt, die sowohl akut als auch langfristig schwerste Nebenwirkungen verursachen können, ohne dass dies als Verstoß gegen die ärztlichen Sorgfaltspflichten zu werten wäre. Vgl. zu den Grundsätzen des „erlaubten Risikos" im Arzthaftungsrecht Laufs/Uhlenbruck-Ulsenheimer § 139, Rdn. 55.

117 Vgl. hierzu den differierenden Sorgfaltsmaßstab für unterschiedlich qualifizierte Ärzte. Laufs/Uhlen-bruck-Laufs § 99, Rdn. 11.

nach h. M. keine rechtfertigende Kraft zu[118]. Insbesondere im Falle der Verabreichung von Dopingsubstanzen kann die Einwilligung unter keinem denkbaren Gesichtspunkt eine rechtfertigende Wirkung für lebensgefährdende Handlungen entfalten[119].

Das Strafmaß ist beim Mord lebenslange Freiheitsstrafe (§ 211, Abs. 1 StGB). Der Totschlag wird gem. § 212, Abs. 1 StGB mit einer Freiheitsstrafe nicht unter 5 Jahren, in besonders schweren Fällen mit einer lebenslangen Freiheitsstrafe sanktioniert (§ 212, Abs. 2 StGB). Im Falle der fahrlässigen Tötung ist keine Mindestfreiheitsstrafe vorgesehen. Die Höchststrafe beträgt 5 Jahre Freiheitsentzug (§ 222 StGB).

1.5.2.2 Körperverletzung

Voraussetzung für die Erfüllung des Tatbestandes der vorsätzlichen oder fahrlässigen Körperverletzung gem. §§ 223 ff. StGB ist zunächst, dass das Tatbestandsmerkmal der Gesundheitsbeschädigung erfüllt ist[120]. Definiert wird die Gesundheitsbeschädigung als jedes Hervorrufen oder Steigern eines vom Normalzustand der körperlichen Funktionen abweichenden Zustandes, wobei auch vorübergehende Beeinträchtigungen als ausreichend anzusehen sind[121].

Darüber hinaus ist das Tatbestandsmerkmal der Gesundheitsbeschädigung nur dann erfüllt, wenn die Beschwerden nicht nur geringfügig oder unerheblich sind[122]. Dies ist aus Sicht eines objektiven Betrachters zu beurteilen, wobei davon ausgegangen werden kann, dass beispielsweise geringe Kopfschmerzen, eine kurzzeitige Schlaflosigkeit oder eine geringfügig erhöhte Herzfrequenz nicht die Schwelle der Gesundheitsbeschädigung i.S.d. §§ 223ff. erfüllen[123]. Die im Wesentlichen in Fitness-Studios gebrauchten Dopingsubstanzen – anabole Steroide und Clenbuterol – können zwar auch die genannten Nebenwirkungen verursachen, lösen jedoch insbesondere bei höherer Dosierung oder Anwendung über einen längeren Zeitraum noch weitere, schwerer wiegende Nebenwirkungen, wie Menstruationsstörungen und Vermännlichungserscheinungen bei Frauen, Leberschäden oder Veränderungen an Herz und Blutgefäßen aus, so dass das Merkmal der Gesundheitsbeschädigung meist erfüllt sein wird[124].

118 BGHSt 4, S. 88, 93; OLG Celle MDR 1980, S. 74

119 *Linck J.* NJW 1993, S. 55, 58 f.

120 Fritzweiler/Pfister/Summerer-Reinhart 8. Teil, 4.Kapitel, Rdn. 111.; Lackner/Kühl § 223, Rdn. 5.

121 MünchKomm-Joecks § 223, Rdn. 25; BGH NStZ 1997, S. 123; zur gefährlichen Körperverletzung BGH NJW 1990, S. 129.

122 Eine Gesundheitsbeeinträchtigung wird als nicht ausreichend angesehen, da das Gesetz eine Gesundheitsbeschädigung fordert. Vgl. hierzu MünchKomm-Joecks § 223, Rdn. 25.

123 BGH NStZ-RR 1996, S. 100 f.

124 Zu den weiteren möglichen Nebenwirkungen der Einnahme anaboler Substanzen vgl. Kapitel 1.3.1.

Verabreicht sich ein Sportler eigenverantwortlich Dopingsubstanzen, so liegt eine straflose Eigenverletzung vor, soweit kein Dritter über den dopenden Sportler Tatherrschaft besitzt. Auch derjenige, der dem eigenverantwortlich handelnde Sportler Dopingsubstanzen verschafft, bleibt mithin in der Regel straflos[125]. Strafrechtliche Relevanz besitzen somit nur die Fälle, in denen der Dritte die Tatherrschaft besitzt. Dies kann insbesondere bei Doping durch Ärzte aufgrund deren überlegenen Fachwissens der Fall sein[126].

Etwas anderes könnte sich nur dann ergeben, wenn es sich bei der Verabreichung von Dopingsubstanzen um einen ärztlichen Heileingriff handeln würde. Hierbei ist jedoch in Bezug auf den Fitness-Sport zu bedenken, dass die Gabe von Dopingsubstanzen keinen Heileingriff darstellt, da es hierbei nicht um die Behandlung eines krankhaften Zustandes des Sportlers handelt, sondern um die Steigerung der körperlichen Leistungsfähigkeit, im Fitness-Sport vornehmlich um die Verbesserung des Aussehens und Zunahme der Muskelmasse[127].

Im Unterschied zu Straftaten, die sich gegen das Leben richten, kann sich bei der Verabreichung von Dopingsubstanzen grundsätzlich das Problem der Einwilligung des Sportlers ergeben, so dass die Strafbarkeit mangels Rechtswidrigkeit entfällt. Voraussetzung einer wirksamen Einwilligung ist zunächst die Einwilligungsfähigkeit des Sportlers. Diese ist nur dann gegeben, wenn der Sportler die natürliche Einsichts- und Steuerungsfähigkeit besitzt, um Wesen, Bedeutung und Tragweite des Eingriffs in seine körperliche Unversehrtheit in vollem Umfang zu erfassen[128]. Bei Minderjährigen kommt es auf den konkreten Fall, d.h. auf den individuellen Reifegrad der betreffenden Person an[129]. Überwiegend wird davon ausgegangen, dass die Einwilligung eine Aufklärung des Sportlers über Art, Bedeutung und Folgen der Gabe von Dopingsubstanzen erfordert[130], wobei die Grundsätze über die Wirksamkeit der Einwilligung bei Heileingriffen in entsprechender Anwendung herangezogen werden. Eine Ausnahme stellt lediglich der Aufklärungsverzicht dar.

An die Aufklärungspflicht von Personen, die Sportlern Dopingsubstanzen verabreichen, sind besonders strenge Anforderungen zu stellen[131]. Dies gilt nicht nur für Ärzte, sondern auch für alle übrigen Betreuer im Umfeld des Athleten, namentlich Trainer, Physiotherapeuten, Manager, etc. Dennoch ist hinsichtlich des Umfangs und der Intensität der Aufklärung zwischen Ärzten und anderen Betreuern zu unter-

125 Vgl. hierzu MünchKomm-Joecks § 223, Rdn. 36; Vgl. hierzu auch Haas U. SpuRt 1997, S. 56, 57.

126 Vgl. hierzu Kargl W. JZ 2002, S. 389, 393. Allerdings sind auch hier an die Grundsätze der Tatherrschaft strenge Maßstäbe zu stellen, um eine Strafbarkeit insoweit nicht ausufern zu lassen. Vgl. MünchKomm-Joecks § 223, Rdn. 37.

127 In diesem Sinne auch *Linck J.* MedR 1993, S. 55, 59.

128 BGHSt 4, S. 113, 118; vgl. hierzu auch BGH NSTZ 2000, S. 87 f.

129 BGHSt 4, S. 88. Dabei wird davon ausgegangen, dass Minderjährige unter 14 Jahren keine Einwilligungsfähigkeit besitzen.

130 Vgl. hierzu ausführlich *Müller A,* S. 89 ff.

131 *Linck J.* MedR 1993, S. 55, 59.

scheiden[132]. Anders als bei Ärzten, bei denen eine besondere Sachkunde hinsichtlich Dopingsubstanzen vorausgesetzt werden kann, wiegt nach der hier vertretenen Ansicht bei anderen Betreuern in der Regel das verfassungsrechtlich geschützte Recht auf Selbstbestimmung des Sportlers höher.

Die Aufklärungspflicht des Mediziners, der Dopingsubstanzen verabreicht, ist sogar höher zu bewerten, als dies beim ärztlichen Heileingriff erwartet werden kann[133]. Die Aufklärungspflicht erfordert eine Information des Sportlers über alle möglichen Risiken und Nebenwirkungen, auch wenn das tatsächliche Risiko des Eintretens der schädlichen Folge als äußerst gering einzuschätzen ist[134]. Der Sportler ist daher beispielsweise auch über die Möglichkeit des Entstehens bösartiger Tumoren aufgrund der Gabe von anabolen Steroiden zu informieren. Ob der dopende Mediziner dieser gesteigerten Aufklärungspflicht genügen kann, bleibt zu bezweifeln. Jedenfalls wird es in der Praxis an dieser intensivierten Aufklärung meist fehlen.

Geht man von einer wirksamen Einwilligung des Sportlers in die Verabreichung von Dopingsubstanzen aus, so stellte sich in der Vergangenheit die teilweise kontrovers diskutierte Frage, ob die erteilte Einwilligung wegen Verstoßes gegen die guten Sitten, § 228 StGB unwirksam ist[135]. Die Probleme, die sich hierbei in Bezug auf die Verabreichung von Dopingsubstanzen ergaben, haben sich mit Einführung des § 6a Arzneimittelgesetz (AMG) erübrigt[136]. Denn die Einwilligung des Sportlers darf darüber hinaus nicht gegen ein gesetzliches Verbot verstoßen, welches gerade dem Schutz des Rechtsguts dient[137]. Mit Einführung von § 6a in das AMG hat der Gesetzgeber jedoch klargestellt, dass die Verabreichung von Dopingsubstanzen zum Zwecke der Leistungssteigerung im Sport verboten ist, wobei auch die fahrlässige Begehung dieses Tatbestands unter Strafe gestellt wurde. Geschütztes Rechtsgut ist dabei insbesondere die Gesundheit des Sportlers. Mithin verstößt die Einwilligung des Sportlers gegen ein gesetzliches Verbot und ist aus diesem Grunde unwirksam.

Zusammenfassend ist daher grundsätzlich von einer Strafbarkeit wegen vorsätzlicher oder fahrlässiger Körperverletzung auszugehen, selbst dann, wenn der Sportler in die Verabreichung von Dopingsubstanzen eingewilligt hat. Dabei wird die vorsätzliche Körperverletzung (§ 223 StGB) und fahrlässige Köperverletzung (§ 229

132 Im Ergebnis *Linck J.* MedR 1993, S. 55, 59; *Derleder P, Deppe U.* JZ 1992, S. 116-118 f.

133 In gleicher Weise wird bei nicht notwendigen Operationen, beispielsweise Schönheits-OPs eine gesteigerte Aufklärungspflicht des Arztes gegenüber seinen Patienten gefordert. Vgl. hierzu Laufs/Uhlen-bruck-Kern § 162, Rdn. 85; OLG Düsseldorf VersR 2001, S. 374 f.; OLG Düsseldorf VersR 1999, S. 61 f.

134 In anderen medizinischen Bereichen, beispielsweise bei Schutzimpfungen gegen Viruserkrankungen wird von der höchstrichterlichen Rechtsprechung gefordert, dass auch über Risiken aufzuklären ist, deren Entstehungswahrscheinlichkeit bei 1:1.000.000 liegt. Vgl. hierzu Laufs/Uhlenbruck-Laufs § 62, Rdn. 10.

135 Zur Sittenwidrigkeit der Einwilligung *Turner G.* NJW 1991, S. 2943, 2945; *Schwab D* in: Schild W, S. 35, 40 f.; *Turner G.* MDR 1991, S. 569, 573. *Schlund GH.* Deutsches Ärzteblatt 1998 (95), S. B-779, B-780; Vgl. auch *Haas U.* SpuRt 1997, S. 56, 58. *Kargl W.* JZ 2002, S. 389, 396 f.

136 Vgl. ausführlich zu § 6a AMG Kapitel 1.5.3

137 Tröndle/Fischer § 228, Rdn. 7.

StGB) nur auf Antrag verfolgt, es sei denn, die Strafverfolgungsbehörden halten wegen des besonderen öffentlichen Interesses ein Einschreiten von Amts wegen für geboten (§ 230 StGB). Anders ist dies jedoch für die Fälle der gefährlichen Körperverletzung (§ 224 StGB) und schweren Körperverletzung (§ 226 StGB), da es sich insoweit nicht um Antragsdelikte handelt.

Probleme in der Praxis können sich jedoch für den Nachweis der Kausalität zwischen der schädigenden Handlung, des Dopens und der Gesundheitsschädigung ergeben. Kurzfristige, vorübergehende Gesundheitsschäden sind häufig nicht mehr nachweisbar. Längerfristige Gesundheitsschäden treten häufig erst Jahre oder sogar Jahrzehnte nach der schädigenden Handlung zu Tage, was den Nachweis der Kausalität nahezu unmöglich macht[138]. Anders als bei der Rechtsprechung des BGH bei HIV-Infektionen, bei denen sich ebenfalls das Problem längerer Inkubationszeiten stellt und bei der davon ausgegangen wird, dass unabhängig vom Ausbruch der Krankheit selbst schon die Infektiosität der geschädigten Person für ausreichend erachtet wird[139], gibt es im Falle der Verabreichung von Dopingsubstanzen nicht die Möglichkeit des Nachweises einer Viruslast im Organismus des Sportlers und damit keinen vergleichbaren Anknüpfungspunkt. In diesen Fällen bleibt dann nur die Möglichkeit der Strafbarkeit wegen versuchter Körperverletzung[140], wobei in diesen Fällen dann möglicherweise Verfolgungsverjährung eingetreten sein kann (§ 78 StGB).

Das Strafmaß beträgt bei der einfachen Körperverletzung maximal 5 Jahre Freiheitsentzug (§ 223, Abs. 1 StGB), bei fahrlässiger Begehung der Tat maximal 3 Jahre (§ 229 StGB). Im Falle der gefährlichen Körperverletzung gem. § 224, Abs. 1 StGB liegt der Strafrahmen zwischen sechs Monaten und 10 Jahren. Bei der schweren Körperverletzung ist eine Mindestfreiheitsstrafe von einem Jahr vorgesehen (§ 226, Abs. 1 StGB).

1.5.2.3 Betrug

Im kontrollierten Leistungs- und Hochleistungssport wird überwiegend angenommen, dass ein Sportler, der gedopt zu Wettbewerben antritt, einen Betrug (§ 263 StGB) gegenüber und zu Lasten des Veranstalters und seiner Konkurrenten begehen kann[141]. Im Falle des Fitness-Sports kommt dies auch nur dann in Betracht, wenn der Athlet gedopt zu Wettkämpfen antritt. Im Übrigen wird es in der Regel bereits am Tatbestandsmerkmal der Täuschung fehlen. Jedenfalls scheidet eine irrtumsbe-

138 Beispielsweise sind Gesundheitsschäden am Herz-Kreislauf-System im Sinne einer Arteriosklerose meist multifaktoriell bedingt und können nicht zweifelsfrei auf eine Jahrzehnte zurückliegende Einnahme von Dopingsubstanzen zurückgeführt werden.

139 BGHSt 36, S. 1, 6 ff; BGH St 36, S. 262, 265.

140 Vgl. hierzu BGHSt 36, S. 1; LG Nürnberg-Fürth NJW 1988, S. 2311; *Geppert K.* Jura 1987, S. 671; *Knauer C.* GA 1998, 430.

141 Vgl. zur teilweise kontroversen Diskussion *Linck J.* MedR 1993, S. 55, 61. *Grotz S.* SpuRt 2005, S. 93ff.; *Cherkeh RT, Momsen C.* NJW 54; 2001, S. 1745-1748 f.; *Kerner H-J, Türg G.* JuS 2004, S. 140 ff.

dingte Vermögensverfügung oder ein Vermögensschaden bei Dritten im Freizeitsport aus.

1.5.3. Strafbarkeit nach den Regelungen des Arzneimittelgesetzes

Mit dem am 11.09.1998 in Kraft getretenen achten Gesetz zur Änderung des Arzneimittelgesetzes[142] (AMG) ist das Verbot des Dopings in das AMG aufgenommen worden. Damit ist neben den Regelungen des allgemeinen Strafrechts eine spezifische Bestrafung des Dopings ohne Vorliegen des Merkmals der „Gesundheitsschädigung" außerhalb der Substanzen bzw. Wirkstoffgruppen, die unter das Betäubungsmittelgesetz fallen, möglich.

Anknüpfungspunkt für die Strafbarkeit gem. § 95 Abs. 1, Nr. 2a AMG ist das in § 6a, Abs. 1 AMG normierte Verbot, Arzneimittel zu Dopingzwecken in den Verkehr zu bringen, zu verschreiben oder bei anderen anzuwenden. Demgemäß unterfallen dem Dopingverbot nur Arzneimittel im Sinne des AMG, nicht jedoch Lebensmittel im Sinne des LMBG[143]. Zudem beschränkt § 6a, Abs. 2 AMG die Anwendung von § 6a, Abs. 1 AMG auf diejenigen Wirkstoffe und Substanzen, die im Anhang zum Übereinkommen des Europarates gegen Doping vom 16.11.1989 genannt sind[144]. Allerdings hat das Bundesministerium gem. § 6a, Abs. 3 AMG die Möglichkeit mit Zustimmung des Bundesrates weitere Substanzen zu bestimmen, für die das Verbot des § 6a, Abs. 1 AMG gelten soll.

Hinsichtlich der Einstufung als Tatmittel ist der Bestimmungszweck „zu Dopingzwecken im Sport" entscheidend. Damit soll klargestellt werden, dass der Einsatz von Arzneimitteln, die Dopingsubstanzen enthalten, dann nicht dem Verbot des § 6a, Abs. 1 AMG unterliegen, wenn sie nicht der Zweckbestimmung Doping im Sport unterliegen[145]. Dies bedeutet jedoch nicht zwangsläufig, dass der Zweck der Gabe derartiger Arzneimittel die sportliche Leistungssteigerung sein muss[146]. Dies ergibt sich insbesondere daraus, dass beispielsweise Diuretika und Maskierungsmittel, wenn sie zur Verschleierung der Einnahme anderer Substanzen eingesetzt werden, ebenfalls dem Verbot des § 6a, Abs. 1 AMG unterliegen, deren Gebrauch jedoch nicht zur Leistungssteigerung im Sport erfolgen soll. Der Gesetzgeber scheint insoweit den Begriff der Leistungssteigerung weit zu verstehen, womit auch Motive,

142 Vgl. *Lippert HD.* NJW 1999, S. 837; *Winkler KR.* Deutsche Apotheker Zeitung 2000 (140), S. 53.

143 *Rehmann WA.* § 2, Rdn. 2; Körner HH. Teil B Vorbem zum AMG, Rdn. 6.

144 BGBl. 1994, II, 334 ff. Die Bezugsliste der pharmakologischen Gruppen von Dopingwirkstoffen und Dopingmethoden wurde zum 01.01.2003 geändert. Vgl. hierzu BGBl. 2003, II, 320 ff.

145 Erlaubt ist damit die Verwendung von Arzneimitteln, die Dopingsubstanzen enthalten zur Behandlung von Krankheiten oder wenn derartige Arzneimittel außerhalb des Sports eingesetzt werden. Vgl. hierzu auch *Mayer,* SpuRt 2002, S. 97, 98. *Mayer D.*

146 A.A. Heger SpuRt 2001, S. 92, 93, der die Zweckbestimmung „zur Leistungssteigerung im Sport" für notwendig erachtet.

wie die Verbesserung des Aussehens bzw. die „Verschönerung“ des eigenen Körpers durch Muskelaufbau und Fettabbau unter dem Begriff der Leistungssteigerung zu subsumieren sind. Der Anwendungsbereich des § 6a, Abs. 1 AMG ist mithin nicht auf den Bereich des Leistungs- und Hochleistungssports beschränkt. Erfasst werden sollen neben dem Wettkampfsport auch der Bereich des Breiten- und Freizeitsports, insbesondere der Fitness-Sport[147].

Als Tathandlungen sind neben dem tatsächlichen In-Verkehr-Bringen bereits Vorbereitungshandlungen zu einer späteren Abgabe an andere strafbar[148]. Damit kann sich neben demjenigen, der die Dopingsubstanzen tatsächlich an den Sportler abgibt, auch eine Strafbarkeit von Personen im Vorfeld, wie beispielsweise des Herstellers oder des Zwischenhändlers ergeben.

Neben der Vollendungsstrafbarkeit ist gem. § 95, Abs. 2 AMG auch bereits der Versuch der Zuwiderhandlung gegen das Dopingverbot des § 6a AMG unter Strafe gestellt. Darüber hinaus kann das Delikt auch fahrlässig begangen werden, § 95, Abs. 4 AMG. Beispielsweise ist ein Arzt dann wegen fahrlässiger Begehung des Verstoßes gegen § 6a AMG strafbar, wenn er irrig davon ausgeht, dass das verordnete Arzneimittel keine Dopingsubstanzen enthält. Anders liegt der Fall jedoch, wenn der Arzt den beabsichtigten Einsatz des Sportlers zum Zwecke des Dopings nicht kennt, diesen Zweck jedoch hätte erkennen können. In diesem Falle kommt keine Strafbarkeit gem. §§ 6a, Abs. 1, 95, Abs. 4 AMG in Betracht, da hinsichtlich des Bestimmungszwecks mindestens bedingter Vorsatz notwendig ist[149]. Bei den im Fitness-Sport häufig konsumierten anabolen Substanzen dürften die Gerichte jedoch häufig ein bedingt vorsätzliches Handeln des Arztes annehmen können.

Das AMG sieht bei Verstoß gegen § 6a, Abs. 1 AMG eine Freiheitsstrafe bis zu 3 Jahren oder eine Geldstrafe vor (§ 95, Abs. 1 AMG). Bei fahrlässiger Tatbegehung ist das Strafmaß auf eine Freiheitsstrafe von einem Jahr begrenzt (§ 95, Abs. 4 AMG). Werden Dopingsubstanzen an Personen unter 18 Jahren abgegeben bzw. bei diesen angewandt, so beträgt der Strafrahmen zwischen einem und zehn Jahren Freiheitsentzug (§ 95, Abs. 3 AMG).

1.5.4 Strafbarkeit nach den Regelungen des Betäubungsmittelgesetzes

Neben der Strafbarkeit nach den Vorschriften des AMG ergibt sich für Sportler und Betreuer die Strafbarkeit nach den Vorschriften des Betäubungsmittelgesetzes (BtMG)[150], soweit die Dopingsubstanzen auch unter das BtMG fallen. Die Definiti-

147 BT-Dr. 1029/97, S. 25: „Es ist unerheblich, ob die intendierte Leistungssteigerung auf sportliche Aktivitäten im Wettkampf, im Training oder in der Freizeit gerichtet ist.“

148 Vgl. hierzu § 4, Abs. 17 AMG: In Verkehr-Bringen ist definiert als das „Vorrätighalten zum Verkauf oder zu sonstiger Abgabe, das Feilhalten, das Feilbieten und die Abgabe an andere“.

149 A. A. MünchKomm-Freund § 6a AMG, Rdn. 41, der auch in diesen Fällen fahrlässiges Handeln für ausreichend hält.

150 Gesetz über den Verkehr mit Betäubungsmitteln (BtMG) vom 28. Juli 1981, zuletzt geändert am 21.06.2005.

on Betäubungsmittel ergibt sich aus § 1, Abs. 1 BtMG. Danach sind Betäubungsmittel im Sinne dieses Gesetzes die in den Anlagen I bis III aufgeführten Stoffe und Zubereitungen. Darunter Fallen insbesondere in Anlage I Cannabinoide (Haschisch, Marihuana) und Heroin sowie in Anlage II Kokain. Strafbar ist die Herstellung, der Besitz, der Erwerb und das In-Verkehr-Bringen (§ 29 BtMG). Darüber hinaus ist das Verschreiben oder Verabreichen von Betäubungsmitteln durch Ärzte ohne medizinische Indikation unter Strafe gestellt, §§ 29, Abs. 1, Nr. 6, 13, Abs. 1 BtMG. Dabei handelt es sich bei Cannabinoiden und Heroin um nicht verkehrsfähige Betäubungsmittel (Anlage I), bei Kokain um verkehrsfähige, aber nicht verschreibungsfähige Betäubungsmittel (Anlage II). Neben den genannten Wirkstoffen fallen noch eine Reihe weiterer Dopingsubstanzen unter das BtMG, auf die jedoch hier nicht weitere eingegangen werden soll.

Der Regelstrafrahmen sieht eine Freiheitsstrafe von bis zu 5 Jahren oder eine Geldstrafe vor (§ 29, Abs. 1 BtMG). Bei Abgabe an Minderjährige liegt die Mindeststrafe bei einem Jahr Freiheitsentzug (§ 29a, Abs. 1 BtMG). Darüber hinaus finden sich weitere Strafschärfungen, beispielsweise für gewerbsmäßiges Handeln, aber auch Tatbestände, die eine Strafmilderung vorsehen.

1.5.5 Sportrechtliche Strafregelungen

Mit Einführung des World Anti-Doping Codes durch die WADA wurden die sportrechtlichen Anti-Doping Bestimmungen grundsätzlich neu gefasst[151]. Dies betraf insbesondere auch die sportrechtlichen Sanktionen bei Anti-Doping Regelverletzungen. Diese Sanktionsregelungen sind zwar dem Grunde nach auf den kontrollierten Leistungs- und Hochleistungssport ausgerichtet. Dennoch lassen sich einige dieser Anti-Doping Regelverletzungen auch auf den Freizeit- und Fitness-Sportbereich anwenden, so dass im Folgenden die sich aus Art. 10 des World Anti-Doping Code ergebenden sportstrafrechtlichen Regelungen zunächst im Überblick dargestellt werden sollen.

Der World Anti-Doping Code unterteilt die möglichen Sanktionen bei Anti-Doping Regelverletzungen in eine Regelstrafe und die dazugehörige Ausnahme bei Vorliegen eines besonderen Tatbestandes. Zum anderen wird danach unterschieden, welche der acht Anti-Doping Regeln verletzt wurde (Tab. 4).

Von Bedeutung für den Freizeit- und Fitness-Sport sind die Anti-Doping Regelverletzungen 2.6 (Besitz einer verbotenen Substanz oder Methode), 2.7 (Handeltreiben) und 2.8 (Anwendung einer verbotenen Substanz oder Methode). Sportstrafrechtliche Regelungen gegen Athleten kommen im Fitness-Sport nur dann in Betracht, wenn diese an Wettkämpfen teilnehmen, da, wie dargestellt, Sanktionen gegen Sportler im zeitlich begrenzten oder lebenslangen Ausschluss von Wettkämp-

151 World Anti-Doping Agency (WADA): World Anti-Doping Code. Montreal, 2003 (www.wada-ama.org). Zu den Sanktionsregelungen des WADA-Codes ausführlich *Peitr G.* SpuRt 2003, S. 183 ff. und derselbe SpuRt 2003, S. 230 ff.

fen bestehen. Im Gegensatz hierzu besteht die Möglichkeit, Trainer oder andere Betreuer bei Verstoß gegen die genannten Anti-Doping Regeln aus den betreffenden Sportorganisationen auszuschließen. Dies kann dann relevant werden, wenn Trainer und Betreuer in Sportverbänden organisiert sind.

Anti-Doping Regelverletzung 2.1und 2.2:	
Regel: ***Erstverstoß***: 2-jährige Sperre. ***Zweitverstoß***: lebenslange Sperre.	Ausnahme: ***Keine Schuld oder Unaufmerksamkeit:*** keine Sperre. ***Keine bedeutsame Schuld oder Nachlässigkeit***: mind. die Hälfte der Regelsanktion, im Falle der lebenslangen Sperre 8 Jahre.
Anti-Doping Regelverletzung 2.1 und 2.2 im Falle einer besonderen Substanz:	
Regel: ***Erstverstoß***: mind. eine Verwarnung bis zu einer Sperre von max. 1 Jahr. ***Zweitverstoß***: 2-jährige Sperre. ***Drittverstoß***: Lebenslange Sperre.	Ausnahme: ***Keine Schuld oder Unaufmerksamkeit***: keine Sperre. ***Keine bedeutsame Schuld oder Nachlässigkeit***: mind. die Hälfte der Regelsanktion, im Falle der lebenslangen Sperre 8 Jahre.
Anti-Doping Regelverletzung 2.3 und 2.5:	
Regel: ***Erstverstoß***: 2-jährige Sperre. ***Zweitverstoß***: Lebenslange Sperre.	Ausnahme (Regelverletzung 2.3): ***Keine bedeutsame Schuld oder Nachlässigkeit***: mind. die Hälfte der Regelsanktion, im Falle der lebenslangen Sperre 8 Jahre.

Anti-Doping Regelverletzung 2.4:	
Regel: ***Erstverstoß***: mind. 3 Monate bis zu 2 Jahren Sperre. ***Zweitverstoß***: entsprechend den Regeln der jeweiligen Anti-Doping Organisation.	Ausnahme: Keine Ausnahmen.
Anti-Doping Regelverletzung 2.6:	
Regel: ***Erstverstoß***: 2-jährige Sperre. ***Zweitverstoß***: Lebenslange Sperre.	Ausnahme: ***Nachhaltige Unterstützung und Hilfe des Sportlers oder Betreuers bei der Aufdeckung einer Anti-Doping Regelverletzung durch Sportler unterstützendes Personal oder andere:*** mind. die Hälfte der Regelsanktion, im Falle des lebenslangen Sperre 8 Jahre.
Anti-Doping Regelverletzung 2.7 und 2.8:	
Regel: ***Minimum***: 4-jährige Sperre. ***Maximum***: Lebenslange Sperre.	Ausnahme (Regelverletzung 2.8): ***Keine bedeutsame Schuld oder Nachlässigkeit***: mind. die Hälfte der Regelsanktion, im Falle der lebenslangen Sperre 8 Jahre. Ausnahme (Regelverletzung 2.7 und 2.8): ***Nachhaltige Unterstützung und Hilfe des Sportlers bei der Aufdeckung einer Anti-Doping Regelverletzung durch Sportler unterstützendes Personal oder andere:*** mind. die Hälfte der Regelsanktion, im Falle der lebenslangen Sperre 8 Jahre.

Tab. 4.: Überblick über die Sanktionen der WADA bei Anti-Doping Regelverletzungen. Die Tatbestände der einzelnen Anti-Doping Regelverletzungen sind in Tab. 2 dargestellt.

Der Besitz verbotener Wirkstoffe (2.6 des World Anti-Doping Codes) ist dabei auf die Substanzen, die bei Trainingskontrollen verboten sind, beschränkt. Demgegenüber bezieht sich das Handeltreiben (2.6 des World Anti-Doping Codes) auf sämtliche verbotenen Wirkstoffe. Gleiches gilt für das Verabreichen von verbotenen Substanzen (2.8 des World Anti-Doping Codes). Das Verabreichen von verbotenen Substanzen ist dabei nicht auf das Vollendungsdelikt beschränkt. Umfasst werden auch der Versuch des Verabreichens bei Sportlern sowie die Beihilfe, Unterstützung, Anleitung, Anstiftung oder sonstige Tatbeteiligung bei einem Verstoß oder einem versuchten Verstoß gegen Anti-Doping Bestimmungen.

Für die Verletzung der Anti-Doping Regel 2.6 ist beim Erstverstoß eine zweijährige Sperre, im Wiederholungsfalle eine lebenslange Sperre vorgesehen[152]. Die Ausnahmeregelung, die eine Reduktion der Sanktion ermöglicht (Art. 10.5 des World Anti-Doping Codes), bezieht sich sowohl auf Sportler als auch auf Trainer und Betreuer. Im Falle der Verletzung der Anti-Doping Regeln 2.7 oder 2.8 beträgt die Sperre zwischen 4 Jahren und einer zeitlich unbegrenzten Sperre[153]. Ist ein Minderjähriger an der Anti-Doping Regelverletzung beteiligt, so führt dies für Athletenbetreuer grundsätzlich zu einer lebenslangen Sperre. Auch hier sind, allerdings nur für Athleten, nicht auch für Betreuer Strafmaßreduzierungen für Fälle der Nachlässigkeit oder der nachhaltigen Unterstützung und Hilfe des Sportlers bei der Aufdeckung einer Anti-Doping Regelverletzung vorgesehen (Art. 10.5.3 des World Anti-Doping Codes). Darüber hinaus soll im Falle der Verletzung der Anti-Doping Regeln 2.7 und 2.8 auch eine Anzeige bei den zuständigen Strafverfolgungsorganen erfolgen, um mögliche Verstöße gegen staatliches Recht zu prüfen.

152 Art. 10.2 des World Anti-Doping Code. www.wada-ama.org.
153 Art. 10.4.2 des World Anti-Doping Code. www.wada-ama.org.

Methoden zur Datenermittlung beim Doping im Freizeit- und Fitness-Sport

Die Enthüllungen im Rahmen der Ermittlungen der amerikanischen Steuerbehörden im Fall Balco[154], die Erkenntnisse des Radsportskandals des Sommers 2006 und Frühjahr 2007 um den spanischen Arzt Fuentes[155] und die im Zusammenhang mit der Springstein-Affäre an die Öffentlichkeit gelangten Ermittlungsergebnisse um den spanischen Arzt Pareita[156] lassen vermuten, dass es sich bei den genannten Dopingfällen im Leistungssport nur um die Spitze des Eisberges handelt. Trotz der Durchführung einer Vielzahl von Dopingkontrollen in Training und Wettkampf scheint es den Athleten häufig zu gelingen, eine positive Dopingkontrolle mit Hilfe neuer Erkenntnisse der Medizin und Pharmazie zu vermeiden.

Auf der anderen Seite gibt es im zahlenmäßig wesentlich größeren Bereich des Freizeit- und Fitness-Sports keine Dopingkontrollen, so dass hier möglicherweise von einer noch größeren Dunkelziffer an dopenden Sportlern auszugehen ist. Um diesen Bereich zu beleuchten, stellen sich die Fragen nach der konkreten Zahl an Sportlern, die in Deutschland – auch unentdeckt – zu Dopingsubstanzen greifen, nach den Motiven der Dopingsubstanzeinnahme und den Informations- und Bezugsquellen von Dopingsubstanzen.

Zu den Forschungstechniken, mit denen derartige Fragen von gesellschaftlichen Normen abweichenden Verhaltens näher untersucht werden können, zählen vor allem Befragungen, Beobachtungen, Dokumentenanalysen und das Experiment.

Befragungen werden zumeist an Bevölkerungsstichproben durchgeführt, um etwas darüber zu erfahren, ob die Befragten schon einmal gegen bestimmte Normen verstoßen haben oder ob Ihnen Verstöße anderer Personen in einer bestimmten Bevölkerungsgruppe bekannt sind. Ein Vorteil der Befragung nach Verstößen anderer Personen besteht darin, dass die Bereitschaft, über eigene Verstöße gegen gesellschaftliche Normen eher geringer sein wird, als bei Befragungen hinsichtlich Verstößen anderer Personen[157]. Dieser Nachteil der Befragung nach eigenen Normverstößen kann durch entsprechende anonymisierte Befragungstechniken begrenzt bzw. ausgeglichen werden[158].

Unter dem Oberbegriff der Dokumentenanalyse werden insbesondere die inhaltliche Auswertung von Strafverfahrensakten und die Analyse der Kriminalitätsstatisti-

154 *Nowitzky J, Colombet J.* Internal Revenue Service. Criminal Investigation Division. 03.09.2003.

155 *Kistner T.* Süddeutsche Zeitung Magazin 50, 15. Dez. 2006, S. 11, 12.

156 *Kistner T.* Süddeutsche Zeitung Magazin 50, 15. Dez. 2006, S. 11, 12.

157 Vgl. *Schwind HD*, S. 34 ff.

158 Zu Analysen mittels anonymer Fragebögen und der Radomized Response Technique vgl. *Schnell R, Hill PB, Esser E.* S. 340 ff.

ken zusammengefasst. Bezogen auf den Bereich des Dopings und die zentralen Fragestellungen der vorliegenden Analyse – Abschätzung der Zahl an Dopenden im deutschen Fitness-Sport, deren Motive, Informations- und Bezugsquellen – kann die Auswertung von Strafakten und Kriminalitätsstatistiken nur begrenzt weiterhelfen, da bisher in Deutschland bezogen auf den geschätzten Gesamtumfang des Dopings nur eine geringe Anzahl Anzeigen und Verurteilungen in Bezug auf Dopingstraftaten erfolgt sind[159] und damit die Kriminalitätsstatistiken die Wirklichkeit nicht einmal andeutungsweise abbilden können. Aussagen sind daher lediglich auf einer empirisch ungesicherten Plausibilitätsebene möglich, nicht aber auf einer Ebene empirisch begründeten Wissens. Darüber hinaus sind statistikbezogene begleitende Dunkelfelduntersuchungen bisher nicht durchgeführt worden. Gleiches gilt für Faktoren der sozialen Kontrolle, die in diesem Zusammenhang eine Rolle spielen können.

Beobachtungen und das Experiment kommen als mögliche Forschungstechniken zwar ebenfalls in Betracht, können jedoch aufgrund des damit verbundenen Aufwandes und der begrenzten Möglichkeit, statistische Aussagen zu Fragestellungen wie Umfang des Dopings oder Bezugsquellen für Dopingsubstanzen kaum eingesetzt werden.

Zusammenfassend können daher zur Analyse der genannten zentralen Fragestellungen zur Abschätzung des Umfangs des Dopings im deutschen Fitness-Sport sowie des Umfelds dopender Sportler insbesondere Befragungen weiterhelfen. Die genannten Fragestellungen gehören in den kriminologischen Bereich und werden dort mit den beiden Termini „Dunkelfeld“[160] und „soziale Kontrolle“[161] umschrieben. Um die Übertragbarkeit der Begriffe auf den Bereich des Dopings zu prüfen, sollen im Folgenden zunächst beide Begriffe in ihrer ursprünglichen Bedeutung näher charakterisiert werden.

2.1 Dunkelfeld und soziale Kontrolle

Die Begriffe „Dunkelfeld“ und „soziale Kontrolle“ entstammen der kriminologischen und soziologischen Forschung und sind insbesondere für die Struktur und spezifischen Charakteristika der Verbrechensbekämpfung von Bedeutung[162].

2.1.1 Dunkelfeld

Der Begriff des Dunkelfeldes weist im etymologischen Sinne keine eigene Begriffsgeschichte auf. Er wurde und wird in der Literatur nicht einheitlich verwendet, viel-

159 Vgl. hierzu *Dury W.* SpuRt 2005, S. 137, 139.
160 *Günl W*, S. 5 ff.
161 Zur Sozialkontrolle aus strafrechtlicher Sicht vgl. *Kaiser G* § 34, Rdn. 63 ff.
162 *Bock M*, Rdn. 246; *Günl W*, S. 1 ff.

mehr existieren mehrere Definitionen parallel nebeneinander[163]. Gemein ist diesen Definitionen, dass es sich bei dem Begriff des Dunkelfelds um Erscheinungen handelt, die sich auf die Sichtbarkeit und das Sichtbarmachen kriminellen Verhaltens beziehen. In diesem Kontext bezieht sich das Dunkelfeld auf die Diskrepanz zwischen objektiv vorhandener Realität und der Erkennung bzw. Registrierung derselben[164]. Dabei ergibt sich aus dem Wortteil „Dunkel", dass weder Inhalt noch Ausmaß bestimmter (strafbewehrter) Verhaltensweisen ohne weitere eingrenzende Kriterien abgeleitet werden können. Das Wortteil „Feld" weist darauf hin, dass es sich um einen bestimmten, abgrenzbaren Aspekt einer Grundgesamtheit handelt.

In der Kriminalitätsstatistik wird das Dunkelfeld daher wie folgt definiert:

> „Das Dunkelfeld ist die Summe jener Delikte, die den Strafverfolgungsorganen nicht bekannt werden und deshalb in der Kriminalstatistik auch nicht erscheinen, mithin die Anzahl unbekannter Straftaten."[165]

Demgegenüber werden unter dem Begriff Hellfeld alle Delikte zusammengefasst, die von den Strafverfolgungsorganen verfolgt wurden und damit Einzug in die Kriminalstatistik gefunden haben.

Die Dunkelfeldforschung hat inzwischen eine hohe Bedeutung für die Kriminologie, für ihre theorie- und forschungsstrategischen Entscheidungen, aber auch für die Kriminalpolitik erlangt. Sie dient der systematischen und methodischen Erschließung und Aufarbeitung vorhandenen Wissens über kriminelles oder allgemeiner normabweichendes menschliches Verhalten. Abweichend von offiziellen Kriminalstatistiken liefert die Dunkelfeldforschung eine Reihe von Indikatoren, die Rückschlüsse auf Umfang und Struktur von normabweichendem, kriminellem Verhalten erlauben.

Die Erforschung des Dunkelfelds ist auch aus einem weiteren Punkt wichtig. Nicht nur die registrierte Kriminalität, sondern auch die Kriminalitätswirklichkeit entwickelt sich im zeitlichen Verlauf. Einflussgrößen auf die registrierte Kriminalität und das Anzeigeverhalten können sich ebenso ändern, was dazu führt, dass nur über eine möglichst exakte Abschätzung der nicht bekannt gewordenen Delikte, also des Dunkelfelds eine verlässliche Aussage über die tatsächliche Entwicklung von Normverstößen in einem bestimmten Zeitraum gemacht werden können und ermittelte Veränderungen nicht nur auf einem geänderten Anzeigeverhalten beruhen.

Eine grundsätzliche Problematik von Dunkelfeldforschungen stellt dar, dass sich zwar ein Teil des Dunkelfeldes durch derartige Untersuchungen aufhellen lässt, jedoch keine vollständige und verzerrungsfreie Darstellung möglich ist. Die Grenzen der Dunkelfeldforschung werden zum einen durch die allgemeinen methodischen Probleme von Befragungen bestimmt, zum anderen durch spezielle Probleme des jeweiligen Befragungstyps. Hierzu zählen beispielsweise die Verständlichkeit der

163 *Günl W*, S. 1ff.
164 *Günl W*, S. 7.
165 *Schwind HD*, S. 29.

Fragen, die Erinnerungsfähigkeit des Befragten und der Wahrheitsgehalt der Aussagen. Auch für Dunkelfeldforschungen gilt, dass sie Wahrnehmungen und Bewertungen der Betroffenen widerspiegeln[166].

Die Ergebnisse der Dunkelfeldforschung zeigen zudem, dass das Dunkelfeld bei unterschiedlichen Delikten unterschiedlich groß ist[167], aber auch, dass es innerhalb der Deliktsbereiche nicht stets gleich bleibt[168]. Die im Rahmen von Befragungen erfassbare Kriminalität unterscheidet sich von der durch Kriminalitätsstatistiken registrierten Kriminalität quantitativ und strukturell[169].

Zu den allgemeinen methodischen Problemen einer jeden Umfrage zählt insbesondere, dass bestimmte Personengruppen in der untersuchten Population oder Subpopulation nicht oder nicht repräsentativ erfasst werden[170]. Darüber hinaus werden aus erhebungstechnischen Gründen bestimmte Einheiten der Grundgesamtheit mehr oder weniger systematisch ausgeschlossen. Überdies ist es wesentlich aufwändiger, schwere Delikte zu erfragen, weshalb sich die überwiegende Zahl an Untersuchungen auf eher leichte Delikte beschränkt. Bei schweren Delikten ist zur Verringerung des Dunkelfeldes ein höheres Maß an Anonymität zu gewährleisten, als dies bei leichten Delikten der Fall sein wird. Häufig hängt die Aussagekraft der Untersuchung auch von der Größe der Stichprobe ab. Dies ist insbesondere dann problematisch, wenn es schwierig ist, genügend delinquente Personen zu finden.

Ein weiteres allgemeines Problem kann sein, dass sich die zu erfragenden strafrechtlich relevanten Verhaltensweisen und Tatbestände nur schwer adäquat umgangssprachlich ausformulieren lassen. Zudem ist bei Befragungen zu beachten, dass sich Personen an schwerere Delikte länger erinnern werden, während leichte Delikte schneller wieder in Vergessenheit geraten.

Aus Furcht vor einer möglichen Bestrafung oder übergroßem Geltungsstreben bis hin zur bewussten Verfälschung können unbewusst oder auch bewusst falsche Angaben gemacht werden. Dies ist insbesondere bei der Erfragung innerfamiliärer Vorfälle aus Gründen der Scham oder aber weil die Tat als reine Privatsache angesehen wird der Fall.

2.1.2 Soziale Kontrolle

In der Kriminologie wird versucht, abweichendes Verhalten mittels unterschiedlicher Theorien zu erklären, um damit in der Praxis ein Instrument zu erlangen, das zwischen delinquentem und nicht delinquentem Verhalten zu differenzieren ver-

166 *Wetzels P, Greve W, Mecklenburg E, Bilsky W, Pfeiffer C.* S. 43; Günl W, S. 22.

167 *Schneider HJ*, S. 52.

168 *Kunz KL* § 27, Rdn. 2.

169 *Kunz KL* § 27, Rn. 1 f.

170 Werden beispielsweise Befragungen von Fitness-Studio-Sportlern ausschließlich am Vormittag durchgeführt, so werden sich andere Ergebnisse zeigen, wie wenn man die gleiche Untersuchung in den Nachmittagstunden oder am Abend durchführt.

mag[171]. Ein zentraler Punkt ist hierbei die Forschung nach den Ursachen von sozial konformem und abweichendem Verhalten und mit Hilfe deren Ansätze zur Verbrechensbekämpfung zu erlangen. In diesem Zusammenhang werden unter dem Begriff „sozialer Kontrolle" diejenigen Mittel zusammengefasst, mit denen die Gesellschaft Herrschaft über die Sie bildenden Menschen ausübt und Verhaltenskonformität erreicht, wobei insbesondere Antworten auf abweichendes Verhalten gesucht werden, um auf diese Weise den Prozess der sozialen Integration zu fördern bzw. zu ermöglichen[172]. Soziale Kontrolle umfasst somit Vorgänge und Strukturen, die ein von den Normen einer Gesellschaft oder einer gesellschaftlichen Gruppe abweichendes Verhalten einschränken oder verhindern sollen und damit das Zusammenleben regulieren[173].

2.1.2.1 Gesellschaftliche Normen

Gesellschaftliche Normen definieren konforme Verhaltensweisen in einer sozialen Situation und geben Verhaltensregelmäßigkeiten an. Diese sind einerseits gesellschaftlich und kulturell bedingt, können also in verschiedenen Kulturen unterschiedliche Ausprägungen erfahren. Andererseits sind diese Normen von der gesellschaftlichen Entwicklung abhängig und damit im Laufe der Zeit wandelbar. Die Einhaltung gesellschaftlicher Normen wird durch Sanktionen – Belohnung oder Bestrafung – garantiert. Sie sind von den Mitgliedern der Gesellschaft oder einer gesellschaftlichen Gruppe akzeptierte Vorstellungen und Verhaltensmaßregeln, die das Miteinander in der Gesellschaft oder einer definierten Untergruppe regulieren. Gesellschaftliche Normen strukturieren auf diese Weise die Erwartungen der Interaktionspartner in einer bestimmten Situation und machen somit das Handeln in einem gewissen Maße vorhersagbar.

2.1.2.2 Abweichendes menschliches Verhalten

Abweichendes menschliches Verhalten ist von unterschiedlichsten Faktoren und Bedingungen abhängig und damit nur schwer in eine Theorie aufzunehmen[174]. Der Mensch wächst in einer bestimmten Umgebung auf, macht in dieser Umgebung seine spezifischen Erfahrungen, die sein persönliches Wertgefühl prägen. Die Umweltbedingungen für den Menschen sind je nach Ort, Zeit, Kultur, Armut oder Reichtum, Friedens- oder Kriegszeiten verschieden und beeinflussen das menschliche Dasein. Abhängig von dieser Prägung kann ein von der Gesellschaft im Allgemeinen missachtetes und sanktioniertes Verhalten innerhalb einer gesellschaftlichen Subpopulation als konformes Verhalten angesehen werden.

171 *Niggli MA*. Monatsschrift Kriminologie 1992, S. 261 ff.
172 Vgl. Hierzu *Eisenberg U* § 1, Rdn. 7.
173 *Bursik RJ, Grasmick HG*, S. 15.
174 *Schneider HJ*, S. 501.

Werden herrschende gesellschaftliche Normen und Werte nur einmalig übertreten bzw. missachtet, ohne dass daraus längerfristige Folgen für das Individuum und sein Ansehen in der Gesellschaft entstehen, so spricht man von primärer Devianz. Wird dagegen abweichendes Verhalten zum beherrschenden Lebensstil und grenzt den Einzelnen als Außenseiter oder die Gruppe vom Rest der Gesellschaft aus, so wird dies unter dem Begriff der sekundären Devianz zusammengefasst.

Bei allen Einflüssen, denen ein Mensch im Laufe seines Lebens ausgesetzt ist, muss dennoch bedacht werden, dass dieser, egal in welcher Situation er sich befindet, grundsätzlich frei und damit verantwortlich für sein Handeln ist[175]. Diese Freiheit wird jedoch eingegrenzt durch die konkreten Umweltbedingungen und die gemachten Vorerfahrungen, d.h. durch die jeweiligen Lernprozesse des Individuums.

2.1.2.3 Kontrolltheorien

Mit Blick auf die Entwicklung menschlichen Verhaltens wird deutlich, dass Erfahrungen und Lernprozesse eine entscheidende Bedeutung erlangen können[176]. Lernprozesse sind Weiterentwicklungen von Erfahrungen, so dass davon ausgegangen werden kann, dass das personelle Umfeld des Individuums entscheidenden Einfluss auf dessen konformes oder deviantes Verhalten hat[177]. Dabei stellen Elternhaus, Schule, Arbeitsplatz und Freundeskreis entscheidende Einflussfaktoren dar.

Ausgehend hiervon haben sich in der Kriminologie die sog. Kontrolltheorien entwickelt, wobei im Folgenden zunächst die Theorie von Hirschi dargestellt werden soll.

2.1.2.3.1 Kontrolltheorie von Hirschi

Während sich frühere kriminologische Ansätze mit der Frage beschäftigten, warum eine Person gesellschaftliche Normen missachtet und kriminell wird, geht Hirschi bei der Erforschung sozialer Kontrolle in seiner Grundüberlegung von der Frage aus, warum Menschen gerade nicht Straftaten begehen[178].

Die Bindung des Menschen an Normen unterteilt Hirschi in vier Bindungselemente, die Kriminalität oder allgemeiner normabweichendes Verhalten verhindern sollen: „Attachment“, „Commitment“, „Involvement“ und „Belief“[179].

„Attachment“ stellt die emotionale Bindung an andere Personen dar[180]. Dabei spielen Zuneigung, Ergebenheit und Abhängigkeit einer Person gegenüber anderen eine wesentliche Rolle.

175 Vgl. Art. 2, Abs. 1 GG.
176 Vgl. hierzu *Junger-Tas J.* In: Friday PC, Steward VL, S. 83.
177 Vgl. hierzu *Reiss AJ*, S. 198.
178 *Hirschi T*, S. 34.
179 *Eisenberg U* § 7, Rdn. 10; *Hirschi T*, S. 16 ff.
180 *Hirschi T*, S. 17.

„Commitment" bedeutet dabei die institutionelle Bindung an die Gesellschaft und geht von der rationalen Überlegung aus, was Abweichung erbringt[181]. Dabei postuliert Hirschi, dass Menschen mit hohem sozialen Status nicht bereit seien, für ein geringeres Delikt ihren hohen sozialen Status zu verlieren[182].

„Involvement" ist die Einbindung in konventionelle Aktivitäten, was so viel bedeutet wie, dass der Mensch mit alltäglichen Dingen so sehr beschäftigt sei, dass er keine Zeit mehr für delinquentes Handeln mehr finde[183].

„Belief" ist der Glaube an die Existenz eines allgemeinen Wertesystems, die Bindung an Gemeinschaftswerte, d.h. die Billigung und Anerkennung der moralischen Legitimität konventioneller Regeln[184].

Werden neben diesen Bindungselementen bestimmte soziale Ziele vermittelt, so kann durch diese Erfahrungen und Lernprozesse der Motivationsgrad für abweichendes Verhalten geschwächt, für konformes Verhalten gleichsam gestärkt werden. Wesentliche Faktoren stellen für Hirschi insoweit das Erlangen intellektueller Fähigkeiten, Selbstsicherheit, Leistungsmotivation, die Fähigkeit Konflikte zu lösen sowie Gewissensbildung und Solidarität dar. Abweichendes Verhalten entsteht nach dieser Theorie immer dann, wenn zum einen die Ausbildung der Bindungselemente nicht hinreichend erfolgte und zum anderen soziale Ziele nur unvollständig vermittelt wurden.

Dieser primäre Ansatz von Hirschi wurde in der Folge zu einer eigenen Theorie der Selbstkontrolle weiterentwickelt[185]. Danach wird postuliert, dass die Selbstkontrolle eines Individuums insbesondere durch externe Verfahrenskontrolle erfolgt[186]. Dabei wird zwischen der informellen und formellen Sozialkontrolle unterschieden[187].

Die informelle Sozialkontrolle gewährleistet die soziale Integration einer Person in die Gesellschaft durch Internalisation von Normen. Dabei kann nach der Art der Normen (allgemeine Moralvorstellungen, sportliche Fairness oder auch Akzeptanz eigener Leistungsgrenzen), die verinnerlicht werden, und den Personen (Eltern, Freunde, Schule, Trainer, Ärzte, etc.), die dies vermitteln, unterschieden werden. Dabei wird davon ausgegangen, dass die Internalisation von Normen umso erfolgreicher ist, je früher und je näher diese im sozialen Kontext erlernt werden.

Die formelle Sozialkontrolle ist dagegen gekennzeichnet durch Normierung und Institutionalisierung sozialen Verhaltens, wobei Normdivergenzen von Sanktionen bedroht sind. Beispiele hierfür stellen die Justiz in Form von gesetzlichen Regelun-

181 *Hirschi T*, S. 20.
182 *Hirschi T*, S. 21.
183 *Hirschi T*, S. 21 f.
184 *Hirschi T*, S. 23 ff.
185 *Gottfredson MR, Hirschi T.* S. 85 ff.
186 Grundlegend für Ansicht, dass die mangelnde Selbstkontrolle in erster Linie auf einer inadäquaten Erziehung beruhe und dadurch eine unwirksame und unangemessene Sozialisation entstehe *Kaiser G*, S. 12.
187 Vgl. hierzu auch Hunter A. In: GS Suttles MN Zald (eds.), der zwischen informeller, semiinformeller und formeller Sozialkontrolle unterscheidet. S. 230 ff.

gen, die Sportverbände durch Dopingkontrollen und Dopingsanktionen, aber auch Ärzte mit Hilfe der Aufklärung über Nebenwirkungen des Gebrauchs von Dopingsubstanzen dar.

Hinsichtlich der Bindung an Gleichaltrige gelangt Hirschi zu der Ansicht, dass eine schwache Bindung zu anderen Personen und das Fehlen von individuellen Erfolgswerten mit delinquentem Verhalten in Verbindung gebracht werden kann[188]. Offen bleibt in der Theorie von Hirschi jedoch, ob bei Bindung an ein delinquentes Umfeld normabweichendes Verhalten eher verhindert oder eher gefördert wird. Anzunehmen ist, dass die Einbindung in ein kriminelles Umfeld die Schwelle zu eigenem deviantem Verhalten fördert.

2.1.2.3.2 Kontrolltheorie von Nye

Die von Nye entwickelte Kontrolltheorie führt normabweichendes Verhalten vor allem auf einen Mangel an sozialer Kontrolle zurück. Dabei wird davon ausgegangen, dass delinquentes Verhalten entweder durch hinzukommende „negative" Variablen zu Stande kommt oder dass derartiges Verhalten durch ineffektive oder gänzlich fehlende Kontrolle entsteht[189]. Es besteht jedoch auch die Möglichkeit der Kombination aus hinzukommenden „negativen" Variablen und ineffektiver Sozialkontrolle, wobei Nye den Mangel an sozialer Kontrolle als führend ansieht.

Normabweichendes bzw. delinquentes Verhalten kann folglich auch dann begünstigt werden, wenn Gesetze und Regeln keine Wirkung entfalten, sei es, dass die Normen selbst ineffektiv sind oder aber es an der praktischen Umsetzung der Norm mangelt[190].

Nye entwickelte vier Kategorien der sozialen Kontrolle: die direkte Kontrolle, die verinnerlichte Kontrolle, die indirekte Kontrolle und Verfügbarkeit alternativer Meinungen zu Zielen und Werten[191]. Nach seiner Theorie kann eine Verringerung von normabweichendem Verhalten vor allem durch verbesserte zwischenmenschliche Interaktionen und Aufklärung in Kombination mit strengerer Kontrolle erreicht werden, wobei Nye ein Mittelmaß an Kontrolle für die beste Prävention hält.

Nye geht davon aus, dass die Ursache für spätere Delinquenz bereits in einem schlechten Eltern-Kind-Verhältnis begründet liegt. Gerade mangelhafte Interaktionen im Kindesalter sind häufiger in modernen Gesellschaften mit zunehmender Technisierung und Spezialisierung zu finden und damit Konsequenz unserer heutigen Gesellschaftsstruktur. Soziales Prestige und eigenes Durchsetzungsvermögen haben eine weit wichtigere Bedeutung erlangt als dies bei früheren Generationen der Fall war. Dem kann effektiver durch Aufklärung und Prävention als durch verschärfte Sanktionen entgegengewirkt werden.

188 *Hirschi T*, S. 140.
189 *Nye FI*. S. 3.
190 *Nye FI*. S. 4.
191 *Nye FI*. S. 5.

2.1.2.3.3 Kontrolltheorie von Reiss

Reiss misst in der von ihm entwickelten Theorie der Eigenkontrolle entscheidenderen Einfluss zu als Nye und Hirschi. Ihm geht es im Gegensatz zu den Vorgenannten insbesondere um die Delinquenzprognose und weniger um die Suche nach den Ursachen normabweichenden Verhaltens. Dies ist vor dem Hintergrund zu sehen, dass Reiss in seinen Analysen straffällige Jugendliche, die von einem Amerikanischen Jugendgericht zu Bewährungsstrafen verurteilt wurden, untersuchte[192].

Für Reiss stellt die persönliche Kontrolle die Möglichkeit einer Person dar, alle Verhaltensweisen zu unterlassen, die Konflikte mit gesellschaftlichen Normen oder Regeln hervorrufen könnten[193]. Das Verhalten des einzelnen wird folglich an den Regeln des jeweiligen sozialen Systems gemessen. Persönliche Kontrolle ist dann gegeben, wenn die Regeln eingehalten werden. Soziale Kontrolle ist dagegen die Möglichkeit von Gruppen oder Institutionen, Normen effektiv zu machen. Delinquenz entsteht folglich, wenn die interne Werteordnung einer Person von denen des sozialen Systems abweichen. Diese internalisierte Werteordnung einer Person baut ganz entscheidend auf der Lernerfahrung des Individuums auf. Wird dieser Lernprozess nicht durch das familiäre Umfeld geprägt, so werden diese Funktion durch andere Gruppen, wie beispielsweise die Schule, Freunde oder Sportkameraden übernommen. Auf diese Weise kann verstärkt delinquentes Verhalten erlernt werden.

Für ein Versagen persönlicher und sozialer Kontrolle sicht Reiss insbesondere schlechte ökonomische Verhältnisse sowie gestörte familiäre Verhältnisse als maßgeblich an[194]. Problematisch hierbei ist, dass sich beide Variablen wechselseitig beeinflussen und verstärken, so dass sich für den Einzelnen ein Teufelskreis entwickeln kann, der nur schwer zu durchbrechen ist.

2.1.2.3.4 Halttheorie von Reckless

Der theoretische Ansatz von Reckless hebt vor allem auf das jeweilige Selbstkonzept von Jugendlichen ab. Dieses müsse aufgebaut werden, um möglichen Kontakten zu kriminellen Subkulturen widerstehen zu können[195]. Den Mangel an Halt führt Reckless insbesondere auf die durch die moderne Gesellschaft zerstörten Strukturen zurück, die eine zunehmende Individualität und Durchsetzungsfähigkeit des Einzelnen erfordern und das Gegeneinander zu Lasten des Miteinanders fördern.

Reckless teilt den Halt in einen inneren Halt, der Selbstkontrolle und den äußeren Halt, der Kontrolle durch das soziale Umfeld auf. Entscheidend ist danach das sich aus dem inneren und äußeren Halt entwickelnde Selbstkonzept, in welches sich die Erfahrungen und Erlebnisse, die ein Mensch im Laufe des Lebens macht, einmün-

192 *Reiss AJ.* American Sociological Review 1951 (21), S. 197.
193 *Reiss AJ.* American Sociological Review 1951 (21), S. 196.
194 *Reiss AJ.* American Sociological Review 1951 (21), S. 198.
195 *Reckless WC.* Halttheorie. Monatsschrift für Kriminologie und Strafrechtsnorm 1961 (44), S. 1 ff.

den. Für die Erfahrungen wiederum ist das Lernen in der Kindheit und Jugend von Bedeutung. Hierzu gehört auch das Eingebundensein in soziale Gruppen. Dies bietet dann einen Erklärungsansatz dafür, weshalb eine Person normkonformes, eine andere Person aber normabweichendes Verhalten zeigt[196].

Der Halt nimmt insoweit eine Mittelstellung zwischen gesellschaftlichem Druck, wie beispielsweise dem Lebensumfeld und den Lebensbedingungen einerseits und dem gesellschaftlichen Zug, wie z.B. kriminellen Subkulturen andererseits ein[197]. Eine gutes Selbstkonzept, d.h. ein guter innerer und äußerer Halt führen nach Reckless zu einer geringeren Delinquenzwahrscheinlichkeit, eine ungünstige Persönlichkeit dagegen zu einer erhöhten Wahrscheinlichkeit normabweichenden Verhaltens.

Letztlich untersucht Reckless dieselben Variablen wie die vorgenannten Nye, Reiss und Hirschi. Allerdings versucht Reckless überwiegend die Bereiche zu definieren, die mit normabweichendem Verhalten einhergehen, wohingegen Nye, Reiss und Hirschi eher versuchen, die Ursachen für die Entwicklung normabweichenden Verhaltens aufzudecken.

2.1.2.3.5 Theorie von Gold

Gold sieht die soziale Kontrolle als wesentlich von der sozialen Schicht abhängig an, hält diese allerdings nicht für die alleinige Variable, die die Entstehung von normabweichendem Verhalten verursacht. Für Ihn ist das Entstehen delinquenten Verhaltens abhängig vom sozialen System, wobei dieses das normabweichende Verhalten unterhält und ein natürliches aber gleichzeitig unerwünschtes Produkt der modernen Gesellschaft darstellt[198].

Die Theorie von Gold geht von zwei sich entgegenstehenden Variablen für die Entstehung normabweichenden Verhaltens aus: Kräfte, die Jugendliche vor Delinquenz bewahren und solche, die sie dafür anfällig machen[199]. Gold sieht als wesentliche Grundlage für eine effektive Kontrolle die ökonomische Potenz der Familie an, ohne auf die weiteren Beziehungen innerhalb einer Familie, wie das gegenseitige Miteinander oder Umgangsformen, d.h. die Lernprozesse innerhalb der Familie näher einzugehen. In Unterschichtfamilien sollen aufgrund belastender ökonomischer Verhältnisse häufiger ein schlechtes Familienklima vorherrschen und damit weniger Chancen für eine geordnete Eltern-Kind-Interaktion bestehen als in der Oberschicht[200].

196 *Reckless WC.* Halttheorie. Monatsschrift für Kriminologie und Strafrechtsnorm 1961 (44), S. 9.
197 *Reckless WC.* Halttheorie. Monatsschrift für Kriminologie und Strafrechtsnorm 1961 (44), S.11.
198 *Gold M.* S. 187 f.
199 *Gold M.* S. 13 f.
200 *Gold M.* S. 131 ff.

2.1.2.3.6 Theorie von Junger-Tas

Das von Junger-Tas entwickelte Konzept der sozialen Integration ist in weiten Teilen dem theoretischen Ansatz von Hirschi vergleichbar. Sie geht ebenfalls von vier Elementen aus und misst familiären Variablen nur eine geringe Bedeutung zu[201]. In ihrer Theorie finden sich nicht nur Elemente klassischer kontrolltheoretischer Ansätze, sondern auch lerntheoretische Elemente. Junger-Tas postuliert, dass je häufiger Bestrafungen erfolgen und damit negative Lernprozesse vermittelt werden, umso häufiger würden Jugendliche selbst zu delinquentem Verhalten neigen[202]. In ihren Untersuchungen konnte Junger-Tas keinen Zusammenhang zwischen Delinquenz und sozialer Klasse bzw. sozialer Schicht finden. Somit kommt es nicht entscheidend auf die materiellen Voraussetzungen in der Familie, sondern mehr auf die Beziehungen und Interaktionen zwischen Eltern und Kind an.

2.1.2.3.7 Theorie von Friday und Halsey

Friday und Halsey unterscheiden in ähnliche Bereiche wie Hirschi, messen allerdings der Zeit und Aktivität, die in Gruppen verbracht wird, eine wesentliche Rolle zu[203]. Für soziale Verbindungen gibt es entsprechend dieser Theorie fünf Kategorien: familiäre Beziehungen, Gemeinschaft, Schule, Arbeit und die Beziehung zu anderen Individuen gleichen Alters[204]. Entscheidend sei dabei, ob und in wie weit der Einzelne in die jeweiligen Beziehungen integriert sei. Diese sozialen Beziehungen sind die Erfahrungsbasis für künftiges normkonformes oder normabweichendes Verhalten.

Nach Friday besteht eine Beziehung zwischen gesellschaftlichen Strukturen, institutionellen Systemen und dem individuellen Selbstkonzept. Das individuelle Selbstkonzept wird dabei durch die institutionellen Systeme, wie Schule oder Gemeinschaft beeinflusst, während diese wiederum vom gesellschaftlichen Strukturwandel, wie zunehmende Industrialisierung oder politischen Veränderungen beeinflusst werden[205]. Liegt nur eine geringe soziale Integration vor, so können Spannungen zu gesellschaftlichen Werten und institutionellen Erwartungen entstehen, die zu negativen Lernprozessen führen und damit normabweichendes Verhalten und Delinquenz begünstigen. Abweichung ist dabei als kontinuierlicher Prozess sozialer (Des-) Integration, als ein dynamischer Prozess zwischen Handelndem und den ihn umgebenden sozialen Bedingungen zu sehen[206].

201 *Junger-Tas J.* In: Friday PC, *Steward VL.* S. 70 ff.
202 *Junger-Tas J.* In: Friday PC, *Steward VL.* S. 83.
203 *Friday PC, Halsey J.* In: Friday PC, *Stewart VL.* S. 142 ff.
204 *Friday PC, Halsey J.* In: Friday PC, *Stewart VL.* S. 142.
205 *Friday PC.* In: Kury H (Hrsg.). S. 187, 193 f.
206 *Friday PC.* In: Kury H (Hrsg.). S. 187, 198.

2.2 Übertragbarkeit der Begriffe auf das Doping im Fitness-Sport

2.2.1 Übertragbarkeit des Begriffs „Dunkelfeld"

Der kriminologische Begriff des Dunkelfelds kann über den engen strafrechtlich kriminologischen Ansatz hinaus als Diskrepanz zwischen objektiv festzustellender Realität eines bestimmten Umstandes und der tatsächlichen Kenntnis der Realität bezeichnet werden.

Überträgt man den Begriff des Dunkelfelds auf den Bereich des Dopings, so würde dieser all diejenigen Fälle des Dopings umfassen, die nicht durch Dopingkontrollen oder in anderer Weise bekannt werden.

Es muss davon ausgegangen werden, dass es beim Doping im Fitness-Sport in gleicher weise wie bei strafrechtlich relevanten Verhaltensweisen über die bekannt gewordenen Dopingfälle hinaus eine weitere unbestimmt große Anzahl an Dopingfällen gibt. Dies gilt nicht nur für den Bereich des Leistungs- bzw. Hochleistungssports, sondern insbesondere auch für den Bereich des Freizeit- und Fitness-Sports. Gerade im Fitness-Sport ist mangels durchgeführter Dopingkontrollen nicht bekannt, wie viele Sportlerinnen und Sportler tatsächlich zu Dopingsubstanzen greifen. Betrachtet man nur die hohe Zahl an Diskussionsforen zum Bodybuilding, so ist von einer nicht unerheblichen Zahl dopender Fitness-Sportler auszugehen[207].

Zur Erforschung des Dunkelfelds eignen sich insbesondere Methoden der empirischen Sozialforschung, mit deren Hilfe sich soziale Tatbestände erklären lassen. Grundsätzlich bestehen zwei Verfahrensoptionen – quantitative und qualitative Verfahren –, die sich gegenseitig nicht ausschließen, sondern auch kombiniert werden können. Mit Hilfe quantitativer Verfahren wird versucht, das Auftreten von Merkmalen bzw. deren Ausprägungen durch Messung zu erfassen. Hierunter werden Befragungen persönlicher oder schriftlicher Art zusammengefasst, die meist anhand vorgegebener Kategorien versuchen, ein bestimmtes Merkmal zu erfassen[208]. Der Nachteil derartiger quantitativer Verfahren besteht darin, dass möglicherweise relevante Informationen durch zu geringe Individualität der Antwortmöglichkeiten verloren gehen. Dies wiederum stellt einen Vorteil qualitativer Verfahren dar. Allerdings haben qualitative Verfahren trotz ihrer größeren Subjektsbezogenheit den Nachteil, dass sich die so ermittelten Ergebnisse weniger gut verallgemeinern lassen, vielmehr dies erst schrittweise begründet werden muss[209].

Da davon auszugehen ist, dass es sich beim Doping im Fitness-Sport nicht um Einzelfälle, sondern um ein umfassenderes Problem des Freizeitsports handelt, werden quantitative Verfahren eine exaktere Abschätzung der Anzahl dopender Sportler ermöglichen, als dies mit qualitativen Verfahren der Fall wäre. Bei ausreichend

207 Allein bei Eingabe der Suchbegriffe und „Anabole Steroide" und „anabolic steroids" finden sich mehr als 336.000 bzw. 1.200.000 Treffer.

208 *Mayring P.* S. 9 f.

209 *Mayring P.* S. 23.

operationalisierten Parametern müsste auch eine genaue Erfassung möglich sein, ohne letztlich relevante Faktoren zu übersehen.

2.2.2 Übertragbarkeit des Begriffs „soziale Kontrolle"

Es stellt sich die Frage, in wie weit die in der Kriminologie entwickelten Kontrolltheorien sich auf den Bereich des Dopings übertragen lassen. Dies wird nicht ohne Einschränkungen möglich sein, da die Untersuchungen, die die unter 2.1.2.3 genannten Theorien stützen, größtenteils im Ausland entwickelt und damit das Design der Theorien weitgehend auf die Erklärung der Verhältnisse in den jeweiligen Staaten ausgelegt ist. Während es in Deutschland beispielsweise häufiger gewachsene urbane Strukturen gibt, die eine höhere residentielle Stabilität aufweisen, finden sich beispielsweise in den Vereinigten Staaten eine erhöhte Bevölkerungsmobilität mit erhöhter Anonymität und Individualität der Bewohner[210]. Darüber können kulturelle, politische und juristische Unterschiede eine wesentliche Rolle spielen.

Zum anderen ist anzunehmen, dass es sich beim Doping im Fitness-Sport nicht um sozial ausgegrenzte Akteure, sowohl auf Konsumenten-, als auch Lieferantenseite, sondern eher um sozial integrierte Personen handelt[211]. Überdies wurden in den unter 2.1.2 dargestellten Untersuchungen nahezu ausschließlich Jugendliche untersucht, während beim Doping im Fitness-Sport davon auszugehen ist, dass es sich primär um ein Problem von Erwachsenen handelt.

Insoweit ist es sinnvoll, die Theorien zur sozialen Kontrolle zunächst auf eine höhere Abstraktionsebene zu bringen. Dabei wird von der Grundhypothese ausgegangen, dass es beim Doping im Fitness-Sport Variablen oder Parameter gibt, die dazu führen, dass Dopingsubstanzen eingenommen werden oder dass auf den Konsum von Dopingsubstanzen verzichtet wird.

Danach ist zunächst zu prüfen, welche sozialen Normen die Einnahme von Dopingsubstanzen begrenzen, wer diese Normen vertritt und auf welche Weise diese Normen erlernt werden können. Von Interesse sind dabei insbesondere die Motive der Sportler, Dopingsubstanzen zu konsumieren. Während im Leistungs- und Hochleistungssport die Steigerung der körperlichen Leistungsfähigkeit das entscheidende Motiv für den Konsum von Dopingsubstanzen darstellen dürfte, kann im Bereich des Freizeit- und Fitness-Sports vermutet werden, dass hier andere Motive, wie beispielsweise das äußere Erscheinungsbild eine wesentliche Rolle spielen können.

Wichtig sind weiter die Angaben zu Trainingsjahren, Trainingsumfang und Sportart, da diese möglicherweise Anhaltspunkte hinsichtlich der Zugehörigkeit und Integration in gesellschaftliche (Sub-)Gruppen liefern. Zudem dürften gerade im Hinblick auf die interne Verhaltenskontrolle die Informations- und Bezugsquellen für Dopingsubstanzen sowie die Akzeptanz der Sportler zu Dopingnebenwirkungen eine wichtige Rolle spielen. Darüber hinaus können die Beweggründe, Dopingsub-

210 *Köllisch T.* S. 68 f.
211 Anders ist dies im Falle „harter" illegaler Drogen, wie beispielsweise Heroin der Fall.

stanzen einzunehmen bzw. die Einnahme zu unterlassen, wichtige Hinweise bezüglich sozialen Kontrollmechanismen liefern.

Zur Erforschung sozialer Kontrollvariablen zum Doping im Fitness-Sport eignen sich wie auch zur Abschätzung der Zahl der Dopingkonsumenten, die wiederum direkt mit der Analyse des Dunkelfelds verknüpft ist, Methoden der empirischen Sozialforschung. Hier können qualitative Verfahren gegenüber quantitativen Verfahren einen Vorteil bieten, da beispielsweise die Gründe für die Einnahme von Dopingsubstanzen u.U. stark differieren und damit eine qualitative Analyse dieses Spektrum möglicherweise besser erfassen kann, als dies mit quantitativen Verfahren möglich wäre. Problematisch an einer derartigen Vorgehensweise ist jedoch, dass eine statistische Auswertung, insbesondere hinsichtlich des Zusammenhangs einzelner Parameter nicht oder nur eingeschränkt möglich ist. Dies wiederum ist aber wesentlich, um aus dem ermittelten Datenpool konkrete Vorschläge für zukünftige Anti-Doping Maßnahmen ableiten zu können. Insoweit scheinen auch zur Erforschung sozialer Kontrollvariablen quantitative Verfahren mittels vorgegebener Antwortkategorien einen Vorteil zu bieten. Um jedoch individuelle Einflussfaktoren nicht gänzlich auszuschließen, bietet es sich an, die kategorisierten Antwortmöglichkeiten durch eine offene Antwortmöglichkeit zu erweitern. Auf diese Weise haben die Befragten die Möglichkeit, beispielsweise individuelle Gründe für den Konsum von Dopingsubstanzen anzugeben. Diese Antwortmöglichkeiten lassen sich dann im Rahmen der statistischen Auswertung zusammenfassen.

2.3 Vorschläge zur Methodik der Datenermittlung

Zur Ermittlung valider Daten in sensiblen Themenbereichen wie dem Doping oder der Einnahme illegaler Drogen sind in der Vergangenheit verschiedene Untersuchungsmethoden entwickelt worden. Abhängig vom Ansatz der Untersuchungsmethode ist von einem mehr oder weniger hohen Dunkelfeld auszugehen, wobei mit steigender Anonymität der Analyse die Wahrscheinlichkeit nicht wahrheitsgemäßer Beantwortung reduziert werden kann[212].

Die Erfassung des konkreten Umfangs der Dopingsubstanz- und Drogeneinnahme im Fitness-Sport und damit des Dunkelfelds kann vor allem durch Untersuchungsmethoden erfolgen, die den Sportlern ein möglichst hohes Maß an Anonymität garantieren. Dies ist nicht der Fall für das persönliche Interview, da bei dieser Analysetechnik Untersucher und Proband in direkten Kontakt treten und der Untersucher die Antwort des jeweiligen Probanden kennt. Anders ist dies bei der Befragung von Sportlerinnen und Sportlern mittels anonymer Fragebögen[213]. Auf diese Weise kann einerseits eine Zuordnung der Antworten zu Einzelpersonen ausgeschlossen und

212 *Begin G, Boivin M, Bellerose J.* J Psych 1979 (101), S. 53 ff.; *Nordlund S, Holme I, Tmasfoss S.* Addiction 1994 (89), S.401, 404 f.

213 *Schnell R, Hill PB, Esser E.* S. 342 ff.

andererseits eine große Anzahl von Sportlern in der gleichen Art und Weise befragt werden.

Im Gegensatz zu Befragungen von Leistungs- und Hochleistungssportlern dürfte sich bei der Befragung von Fitness-Sportlern mittels anonymer Fragebögen zudem die Problematik des Dunkelfelds in weniger großem Umfang stellen. Während es bei Spitzensportlern nicht in jedem Fall sicher auszuschließen ist, dass der betreffende Athlet aufgrund der Erfassung seiner Basischarakteristika – insbesondere Sportart, Disziplin, Kaderstatus, Geschlecht, Alter, Größe und Gewicht – detektiert werden kann und deshalb auf sensible Fragen möglicherweise keine wahrheitsgemäßen Angaben macht, ist bei Fitness-Sportlern durch die Angabe dieser Daten die Möglichkeit der Detektion nahezu auszuschließen.

Zur genaueren Ermittlung des Dunkelfelds kann darüber hinaus auf Methoden der empirischen Sozialforschung zurückgegriffen werden, mit deren Hilfe sich die Zahl nicht wahrheitsgemäßer Antworten in anonymen Fragebögen oder direkten Befragungen genauer abschätzen lassen[214]. Eine dieser Methoden ist die sog. Randomized Response Technique[215]. Dabei handelt es sich um eine persönliche Befragung, die so gestaltet ist, dass eine Zuordnung von Fragen und Antworten bei Einzelpersonen nicht möglich ist[216]. Mittels statistischer Analysen lässt sich jedoch die Anzahl positiver Antworten in sensiblen Themenbereichen wie Fragen zur Dopingsubstanz- und Drogeneinnahme in der Gesamtheit der befragten Personen abschätzen.

2.3.1 Befragung mittels anonymer Fragebögen

In den unter 3.1 dargestellten Analysen wurde auf die Befragung mittels anonymer Fragebögen zurückgegriffen. Dies bietet gegenüber dem persönlichen Interview den Vorteil, dass Interviewereffekte gänzlich entfallen[217]. Da kein Untersucher anwesend ist, können die zu untersuchenden Personen „ehrlicher" antworten und werden allenfalls in geringem Maße von Überlegungen sozialer Erwünschtheit beeinflusst. Gerade bei sensiblen Fragestellungen wie der Doping- oder Drogeneinnahme kann die Befragung mittels anonymer Fragebögen zur Vermeidung sozial wünschenswerter Antworten, aber auch zur Reduktion der Antwortverweigerung führen. Überdies ist die Zusicherung der Anonymität und der sozialen Folgenlosigkeit der Befragung bei Fragebögen glaubwürdiger als bei der direkten Befragung.

Die Antworten sind im Falle der schriftlichen Befragung „überlegter", da sich der Proband soviel Zeit zum Ausfüllen des Fragebogens nehmen kann, wie er individu-

214 *Rider RV, Harper PA, Chow LP, I-cheng C.* Estud Polac 1979 (4), S. 41

215 *Schnell R, Hill PB, Esser E.* S. 340 f.; *Goodstadt MS, Cook G.* Int J Addict 1978 (13), S. 359 ff.; *Warner SL.* J Amer Stat Assoc 1965 (60), S. 63; *Nordlund S, Holme I, Tmasfoss S.* Addiction 1994 (89), S.401.

216 *Clark SJ, Desharnais RA.* Psychol Methods1998 (3), S. 160ff.; *Nordlund S, Holme I, Tmasfoss S.* Addiction 1994 (89), S.401, 402.

217 *Schnell R, Hill PB, Esser E.* S. 340, 341 f.

ell hierfür benötigt[218]. Eine stärkere Konzentration auf das Thema wird durch den fehlenden Zeitdruck ermöglicht. Dies kann insbesondere die Testmotivation erhöhen. Für den Probanden bleibt darüber hinaus eine Teilnahmeverweigerung in jeder Hinsicht folgenlos. Im Gegensatz hierzu ist die Verweigerung eines persönlichen Interviews für viele Probanden mit einer höheren psychischen Konfliktsituation verbunden[219].

Besondere Beachtung bedarf sowohl die inhaltliche als auch die äußere Konzeption des Fragebogens, da diese entscheidenden Einfluss, nicht nur auf die Rücklaufrate, sondern auch auf die Validität der Antworten haben kann.

2.3.1.1 Inhaltliche Fragebogenkonzeption

Bei der Erstellung eines Fragebogens ist darauf zu achten, dass die Fragen in allgemein verständlicher Weise gestellt werden. Hierbei hat sich gezeigt, dass eine einfache und geläufige Formulierung der Fragen eine erhöhte Beantwortungsrate aufweist. Fremdwörter oder Fachbegriffe sollten möglichst vermieden werden. Sind diese notwendig, so ist deren Bedeutung zu definieren. Gleiches gilt im Falle der geschlossenen Frageform für die vorgegebenen Antwortmöglichkeiten. Darüber hinaus sollten ungebräuchliche Fachbegriffe, Abkürzungen, Slang- und Dialektausdrücke gänzlich vermieden werden. Auf Suggestivfragen ist zu verzichten. Gleiches gilt auch für einzelne, polarisierende Begriffe, die emotionale Antworten provozieren können.

Wichtig ist auch, dass die zu untersuchenden Personen nicht durch die Formulierung der Frage selbst zu einer bestimmten Antwort gedrängt werden. Im Falle der geschlossenen Frageform ist darauf zu achten, dass sämtliche Merkmalsausprägungen von den vorgegebenen Antwortkategorien umfasst werden. In der Regel sollten nur eindimensionale Fragen gestellt werden. Ist es notwendig, mehrere Dimensionen abzufragen, so hat sich eine Untergliederung in mehrere Teilfragen als hilfreich erwiesen. Antwortkategorien sollten nach Möglichkeit wechselseitig exklusiv sein, so dass eine klare und eindeutige Beantwortung möglich ist. Sind bei einer Fragestellung Mehrfachnennungen möglich, so ist dies dem antwortenden Probanden entsprechend kenntlich zu machen, beispielsweise durch den Zusatz „Mehrfachnennungen möglich". Eine Beeinträchtigung des Verständnisses bei Probanden kann auch dadurch entstehen, dass Merkmalsausprägungen zusammengefasst werden. Daher ist auf diese möglichst zu verzichten.

Eine Verbesserung der Akzeptanz und damit des Rücklaufs bei Befragungen mittels anonymer Fragebögen kann dadurch erreicht werden, dass Filterfragen eingebaut und damit eine verbesserte Untergliederung des Fragebogens erreicht wird. Filterfragen dienen dazu, weitere Fragen, die nicht für alle Probanden relevant sind, zu selektieren. Beispielsweise kann die Frage zum Konsum von Dopingsubstanzen entweder mit „Ja" oder mit „Nein" beantwortet werden. Die folgenden Detailfragen

218 *Schnell R, Hill PB, Esser E.* S. 340 ff.
219 *Jacob R, Eirmbter WH.* S. 137.

zum Konsum von Dopingsubstanzen müssen nur dann beantwortet werden, wenn die Filterfrage mit „Ja“ beantwortet wurde. Weiterhin sind Fragen, bei denen der Proband z.B. eigene Berechnungen anstellen muss, möglichst zu vermeiden. Derartige Fragen können zu einer erhöhten Wahrscheinlichkeit des Abbruchs der Befragung führen. In gleicher Weise sind doppelte Verneinungen, mehrdeutige oder interpretationsbedürftige Begriffe zu vermeiden.

Am Anfang eines Fragebogens sollten zunächst sog. Einleitungsfragen gestellt werden, die bei den zu befragenden Personen möglicherweise bestehenden Ängste oder Hemmungen, an der Befragung teilzunehmen, abbauen. Als Einleitungsfragen eignen sich beispielsweise allgemeine Fragen zur Person oder soziodemographische Fragen.

Erst der weitere Fragenkatalog sollte dann die sensiblen Fragestellungen zur Dopingsubstanz- und Drogeneinnahme enthalten, die einem erhöhten Risiko der Antworthemmung und Antwortverweigerung bzw. einer falschen Beantwortung im Sinne der sozialen Erwünschtheit ausgesetzt sind. Dabei muss davon ausgegangen werden, dass sowohl Fragen zur Dopingsubstanzeinnahme wie auch zum Konsum illegaler Drogen aufgrund der strafrechtlichen und sportrechtlichen Konsequenzen als sensibel einzustufen sind. Im Gegensatz hierzu sind Fragen, die weder strafrechtlichen noch sportrechtlichen Sanktionen unterliegen, wie Fragen zur Einnahme von Nahrungsergänzungsmitteln als eher unsensibel anzusehen.

Formal bietet die Anwendung der geschlossenen gegenüber der offenen Frageform den Vorteil, dass nicht nachträglich Antwortkategorien gebildet werden müssen, um statistische Auswertungen vornehmen zu können. Häufig lassen sich im Nachhinein keine Antwortkategorien mehr bilden, die eine sinnvolle Zusammenfassung der gegebenen Antworten darstellen würden. Zudem führt die nachträgliche Bildung von Antwortkategorien zu einem erheblichen Mehraufwand. Auch besitzen nicht alle Probanden eine gleich gute Artikulationsfähigkeit. Unterschiede in der Beantwortung von Fragen sind dann möglicherweise darauf zurückzuführen, dass Probanden eine unterschiedlich gute Fähigkeit besitzen, ihre Aussagen in Worte zu fassen.

2.3.1.2 Äußere Fragebogenkonzeption

Formale Aspekte weisen einen hohen Einfluss auf die Teilnahmebereitschaft und -motivation der befragten Probanden auf[220]. Daher ist die Präsentation bzw. das Layout von Fragebögen (mit-)entscheidend für den Erfolg einer Befragung mittels Fragebögen. Eine möglichst einfache Handhabung kann zusätzlich dadurch gewährleistet werden, dass wesentliche Begriffe hervorgehoben werden und eine einheitliche äußere Form gewählt wird. Zusätzlich kann durch farbliche Absetzungen eine bessere Übersicht erzielt werden.

220 *Dillman DA, Sinclair MD, Clark JR.* Publ Op Quart 1993 (57), S. 289 ff.

Auf diese Weise kann erreicht werden, dass selbst ein mehrere Seiten umfassender Fragebogen zügig ausgefüllt werden kann. Längere Fragebögen, deren vollständige Beantwortung eine Zeitdauer von 20 Minuten und mehr in Anspruch nimmt, gehen mit einem erhöhten Risiko der Antwortverweigerung bzw. der falschen Beantwortung der gestellten Fragen einher[221], so dass dies vermieden werden sollte.

2.3.2 Befragung mittels der Randomized Response Technique

Die Problematik des Dunkelfelds in sensiblen Themenbereichen wie der Dopingsubstanzeinnahme und dem Konsum illegaler Drogen kann durch eine zusätzliche Befragung mittels Verfahren, die eine im Vergleich zur Befragung mittels Fragebögen gesteigerten Anonymität aufweisen, näher untersucht werden. Trotz größtmöglicher Anonymisierung ist beim Interview und bei der Befragung mittels Fragebögen von einer gewissen Anzahl falsch negativer Antworten auf sensible Fragestellungen auszugehen[222]. Folge ist, dass die Anzahl der Personen, die Dopingsubstanzen oder illegale Drogen gebrauchen, möglicherweise unterschätzt wird[223].

So sprechen Begin et al.[224] und Nordlund et al.[225] teilweise von erhebliche Differenzen in Abhängigkeit von der verwendeten Befragungstechnik. Dabei steigt der Grad der Vertraulichkeit vom persönlichen Interview über die Befragung mittels anonymer Fragebögen bis hin zur Anwendung der Randomized Response Technique[226]. Mit Hilfe der Randomized Response Technique lässt sich zudem der Bias, der durch eine unrichtige Beantwortung sensibler Fragen in Fragebögen entsteht, abschätzen.

Die Randomized Response Technique wurde 1965 von Warner entwickelt[227]. Seit dieser Zeit wurde diese Befragungstechnik – auch in Abwandlungen – in verschiedensten sensiblen Themenbereichen wie beispielsweise zur Datengewinnung bzgl. der Anzahl von Schwangerschaftsabbrüchen[228], dem Gebrauch von legalen und illegalen Drogen[229] sowie bei sexuellen Fragestellungen[230] angewandt.

Die Randomized Response Technique wird als persönliches Interview durchgeführt. Untersucher und Proband sitzen sich dabei gegenüber. Dem Probanden werden sodann zwei Fragen gestellt, eine sensible und eine neutrale Frage. Nur eine

221 *Jacob R, Eirmbter WH.* S. 138.

222 *Begin G, Boivin M, Bellerose J.* J Psych 1979 (101), S. 53ff.; *Nordlund S, Holme I, Tmasfoss S.* Addiction 1994 (89), S.401.

223 *Nordlund S, Holme I, Tmasfoss S.* Addiction 1994 (89), S.401.

224 *Begin G, Boivin M, Bellerose J.* J Psych 1979 (101), S. 53 ff.

225 *Nordlund S, Holme I, Tmasfoss S.* Addiction 1994 (89), S.401 ff.

226 *Folsom RE, Greenberg BG, Horvitz DG, Abernathy JR.* J Amer Stat Assoc 1973 (68), S. 525 ff.; *Schnell R, Hill PB, Esser E.* S. 340.

227 *Warner SL.* J Amer Stat Assoc 1965 (60), S. 63 ff.

228 *Liu PT, Chow LP.* J Amer Stat Assoc 1976 (71), S. 72 f.

229 *Nordlund S, Holme I, Tmasfoss S.* Addiction 1994 (89), S. 401.

230 *Boruch RF.* Soc Sci Res 1972 (1), S. 403.

dieser beiden Fragen soll beantwortet werden. Die beiden Fragen haben identische Antwortmöglichkeiten, in der Regel die Möglichkeiten „Ja“ oder „Nein“. Welche der beiden Fragen beantwortet werden soll, wird in einem Randomisierungsverfahren ermittelt[231]. Dies kann beispielsweise dadurch geschehen, dass dem Probanden 20 Karten mit einer identischen Rückseite vorgelegt werden, aus denen der Proband sodann eine auszuwählen hat. Auf der Vorderseite der Karten sind in einem bekannten Verhältnis die Zahlen „1“ und „2“ aufgedruckt. Dem Untersucher bleibt verborgen, welche Zahl der Proband gezogen hat, da er die Vorderseite der vom Probanden gezogenen Karte nicht zu Gesicht bekommt. Hat der Proband eine Karte mit der Zahl „1“ gezogen, beantwortet er die erste Frage, hat er eine „2“ gezogen, beantwortet er die zweite Frage[232]. Der Proband gibt dem Untersucher anschließend nur die Antwort „Ja“ oder „Nein“. Auf diese Weise bleibt dem Untersucher verborgen, welche der beiden gestellten Fragen von der zu untersuchenden Person beantwortet wurde.

Die Antwort wird vom Untersucher dokumentiert. Werden auf diese Weise mindestens 400 Probanden untersucht, so lässt sich daraus mit einer gewissen statistischen Varianz berechnen, wie viele der untersuchten Probanden auf die sensible Frage mit den Antwortmöglichkeiten „Ja“ und „Nein“ geantwortet haben[233]. Diese Ergebnisse können mit den Resultaten der Befragung mittels anonymer Fragebögen verglichen werden und lassen Rückschlüsse auf die tatsächliche Zahl dopender Sportler zu.

231 *Nordlund S, Holme I, Tmasfoss S.* Addiction 1994 (89), S.401, 402.
232 Vgl. hierzu *Nordlund S, Holme I, Tmasfoss S.* Addiction 1994 (89), S. 401, 402.
233 *Nordlund S, Holme I, Tmasfoss S.* Addiction 1994 (89), S. 401,402 f.

Studien zum Doping im Freizeit- und Fitness-Sport

3.1 Befragung zum Doping- und Drogenkonsum im Fitness-Sport mittels anonymer Fragebögen[234]

3.1.1 Untersuchungskollektiv

Die Untersuchung wurde in 113 Fitness-Studios Süddeutschlands mit mehr als 90.000 Mitgliedern durchgeführt. Es fand keine Auswahl der Fitness-Studios hinsichtlich deren Größe oder anderer äußerer Merkmale statt. Die Einrichtungen spiegeln vielmehr das gesamte Spektrum der Fitness-Landschaft – Rehabilitations- und gesundheitsorientierte Einrichtungen, gemischte Studios, reine Frauen-Studios, aber auch Studios, die auf Body-Building ausgerichtet sind – mit einer durchschnittlichen Mitgliederzahl von 797 Mitgliedern pro Studio wieder. Die Mitgliederzahlen lagen dabei zwischen 250 und 2500. Dies entsprach den offiziellen Angaben des Deutschen Sport-Studio Verbandes, der für das Jahr 2001 eine durchschnittliche Mitgliederzahl von 823 pro Fitness-Studio angibt[235].

In den genannten 113 Fitness-Studios wurden 1802 anonymisierte Fragebögen durch die Studiobetreiber und Trainer ausgegeben. Um Größe des Fitness-Studios und Anzahl der verteilten Fragebögen aufeinander abzustimmen, erhielten jeweils 2% der Mitglieder des Fitness-Studios einen Fragebogen. Um eine verhältnismäßige Verteilung der Fragebögen innerhalb des jeweiligen Fitness-Studios zu erreichen, wurden die Trainer zuvor ausführlich angewiesen, die Fragebögen entsprechend der Alters-, Geschlechts-, Trainingsalters- und Trainingshäufigkeitsstruktur der Mitglieder in ihrem Studio zu verteilen. Ausgeschlossen waren Sportler, die weniger als zwei Monate trainierten. Um tageszeitliche Änderungen der Besucherstrukturen möglichst klein zu halten, wurden die Fitness-Studios zu unterschiedlichen Tageszeiten aufgesucht. Der Fragebogenrücklauf betrug 621 (34.5%).

3.1.2 Fragebogen

Auf der ersten Seite des Fragebogens wurden die Teilnehmer der Studie schriftlich über den Hintergrund der Befragung und die Freiwilligkeit der Teilnahme informiert. Die Rückgabe der Fragebögen erfolgte anonym und kostenfrei mittels eines

234 Die Ergebnisse dieser Studie wurden von Striegel et al. in der Zeitschrift Drug and Alcohol Dependence publiziert. Vgl. hierzu *Striegel H, Simon P, Frisch S, Roecker K, Dietz K, Dickhuth HH, Ulrich R.* Drug Alcohol Depend. 2006 (81), 11ff.

235 Deutscher Sportstudio Verband. www.dssv.de.

beiliegenden einheitlich adressierten Briefumschlags auf dem Postweg an die Abteilung Sportmedizin der Universität Tübingen. Die Identifizierung einer einzelnen Person oder einzelner Studios war folglich ausgeschlossen. Zur Beantwortung potentieller Fragen der Teilnehmer wurde eine 24-Stunden Telefon-Hotline eingerichtet.

Der Fragebogen wurde so gestaltet, dass er innerhalb von fünf bis zehn Minuten beantwortet werden konnte. Es wurde vor allem auf eine geschlossene Frageform zurückgegriffen. Bei mehreren Fragen konnten zudem durch eine offene Antwortmöglichkeit eigene Angaben gemacht werden. Der Fragebogen mit insgesamt 23 Fragen war in fünf Unterpunkte (I. bis V.) gegliedert:

I. Anthropometrische Daten:

1. Alter (Jahre)
2. Größe (cm)
3. Gewicht (kg)
4. Geschlecht (männlich/weiblich)

II. Soziale Indikatoren:

1. Familienstand (ledig/verheiratet/getrennt lebend/geschieden/verwitwet)
2. Kinder (Ja/Nein)
3. Religion (katholisch/evangelisch/andere oder keine Religion)
4. Nationalität
5. Schulabschluss (kein Abschluss/Hauptschulabschluss/Mittlere Reife/Fachhochschulreife/Hochschulreife)
6. Abgeschlossene Ausbildung (kein Abschluss/praktische Ausbildung/berufliche Fortbildung/ Hochschulstudium)

III. Sportausübung:

1. Trainingsjahre (Jahre)
2. Trainingshäufigkeit (unregelmäßig/1-2/3-4/5-6 Trainingseinheiten/Woche/täglich)
3. Sportart (Fitnesstraining/Krafttraining/Bodybuilding)

IV. Legale und illegale Drogen-/Dopingsubstanzeinnahme:

1. Nikotin (Nein, noch nie/Nein, aufgehört/Ja, unregelmäßig/Ja, regelmäßig)
   Wenn ja, wie viele Zigaretten rauchen Sie im Durchschnitt pro Tag
2. Alkohol (Nein, noch nie/Nein, aufgehört/Ja, unregelmäßig/Ja, regelmäßig)
   Wenn ja, wie viele Flaschen Bier bzw. wie viele Viertel Wein trinken Sie im Durchschnitt pro Tag
3. Einnahme illegaler Drogen (Ja/Nein)
   Wenn ja, welche Art von Drogen (Designerdrogen u.a./Haschisch, Marihuana/ Kokain/Heroin, jeweils Einnahme überhaupt und Einnahme in den letzten drei

Monaten)
4. Einnahme von Dopingsubstanzen (Ja/Nein)
   Wenn ja, welche Art von Dopingsubstanzen, jeweils Einnahme überhaupt und Einnahme in den letzten drei Monaten, Art der Zufuhr, Einnahmeumfang und -menge

V. Dopinganamnese:

1. Gründe für die Einnahme von Dopingsubstanzen (Sportliche Erfolge/Kraftzuwachs/Verbesserung der Ausdauerleistungsfähigkeit/Leistungsstagnation/ Verbesserung des Aussehens/Andere)
2. Informationsquellen bzgl. Dopingsubstanzen (Hausarzt/Sportarzt/Trainer/ Andere Sportler/Eltern/Freunde/Partner/Eigenes Literaturstudum/Internet/ Andere)
3. Medizinische Kontrolle der Dopingsubstanzeinnahme (Ja/Nein),
4. Bezugsquellen der Dopingsubstanzen (Andere Sportler/Trainer/Externe Dealer/ Arzt/Apotheke mit Rezept/Apotheke ohne Rezept),
5. Inkaufnahme von Gesundheitsrisiken im Zusammenhang mit der Einnahme von Dopingsubstanzen (Keine/Vorübergehende Beeinträchtigungen/Dauerschäden/Lebensbedrohliche Beeinträchtigungen)
6. Trainingsmotivation (Kraftzuwachs/Leistungssteigerung/Fettabbau)

Für die weitere Auswertung der Studie wurden folgende Definitionen getroffen: „Bodybuilding" wurde definiert als Sportausübung mit dem primären Ziel der Steigerung der Muskelmasse, „Fitnesstraining" als Sportausübung mit dem Hauptziel der Steigerung der allgemeinen Fitness und „Krafttraining" als Sportausübung mit dem Ziel der Kraftsteigerung.

Unter „Alkohol Ja" wurden die Probanden zusammengefasst, die mindestens 0,5l Bier oder 0,25l Wein pro Woche trinken, und unter „Nikotin Ja" die Personen, die mindestens eine Zigarette pro Tag rauchen. „Drogenkonsumenten" sind Personen, die in der Vergangenheit zumindest einmal illegale Drogen aus den Gruppen Haschisch/Marihuana, Kokain, Heroin, Designer Drogen oder anderen konsumiert haben. Konsumenten von Dopingwirkstoffen sind diejenigen, die in der Vergangenheit mindestens einmal Wirkstoffe gebraucht haben, die gemäß der Liste der Verbotenen Substanzen der World Anti-Doping Agency[236] im Sport verboten sind.

Die Untersuchung wurde von der Ethik-Kommission der Medizinischen Fakultät der Universität Tübingen genehmigt und erfolgte in Übereinstimmung mit der Helsinki-Deklaration.

236 World Anti-Doping Agency (WADA). www.wada-ama.org.

3.1.3 Statistische Auswertung

Für die weitere statistische Auswertung des Fragebogens wurden Fragen und Antwortmöglichkeiten zunächst codiert. Die statistische Analyse wurde in fünf Schritten durchgeführt.

Im ersten Schritt wurden die Basisdaten der befragten Sportlerinnen und Sportler mittels deskriptiver Statistik ermittelt. Hierbei wurden aus den Basisparametern weitere Parameter, wie beispielsweise der Body-Mass-Index (BMI) aus Körpergewicht und Körpergröße berechnet.

Im zweiten Schritt wurde die Frage überprüft, ob eine Einnahme von Dopingsubstanzen mit bestimmten Basisparametern der Sportler in einer statistischen Abhängigkeit steht. Hierzu wurden jeweils separate χ^2-Tests nach Pearson für alle in den Unterpunkten I. bis V. genannten Parameter des Fragebogens berechnet und die p-Werte aller Tests nach Bonferroni korrigiert.

Im dritten Schritt wurde eine logistische Regressionsanalyse durchgeführt, um kombinierte Effekte verschiedener Variablen für die Wahrscheinlichkeit der Einnahme von Dopingsubstanzen oder illegalen Drogen berechnen zu können[237]. Hierfür wurden alle kontinuierlichen Variablen der einzelnen Kategorien als Median-Splits dargestellt, um diese zu dichotomisieren.

In einem vierten Schritt wurden unter Verwendung des jeweiligen logistischen Regressionsmodells verschiedene Vorhersageprofile für die Einnahme von Dopingsubstanzen berechnet.

Im fünften Schritt sind deskriptive Ergebnisse bzgl. der Dopingsubstanzanamnese erfasst.

Sämtliche statistische Auswertungen wurden unter Verwendung des Statistikprogramms JMP 5.01a (SAS Institute Inc., Cary, NC, USA) durchgeführt.

3.2 Persönliche Befragung mittels der Randomized Response Technique[238]

3.2.1 Untersuchungskollektiv

Die Untersuchung wurde in 49 der 113 Fitness-Studios, die schon als Probandenkollektiv für die Befragung mittels anonymer Fragebögen diente, durchgeführt. Insgesamt konnten 500 Probanden persönlich befragt werden, wobei jeweils 1% der Mitglieder des jeweiligen Studios befragt wurden. Um tageszeitliche Änderungen der Besucherstrukturen möglichst klein zu halten, wurden die Fitness-Studios zu unterschiedlichen Tageszeiten aufgesucht.

237 Vgl. hierzu *DuRant RH, Rickert VI, Ashworth CS, Newman C, Slavens G.* N Engl J Med 1993 (328), S. 922, 923.

238 Die Ergebnisse dieser Studie sind wurden von Simon et al. in der Zeitschrift Addiction publiziert. Vgl. hierzu *Simon P, Striegel H, Aust F, Dietz K, Ulrich R.* Addiction 2006 (101), S. 1640 ff.

3.2.2 Konkretes methodisches Vorgehen

Die Randomized Response Technique wurde 1965 von Warner entwickelt[239] und seither in verschiedensten sensibeln Bereichen durch ein ganze Reihe von Untersuchern angewandt[240]. So wurde diese zur Datengewinnung über die Anzahl von Schwangerschaftsabbrüchen, zum Gebrauch von legalen und illegalen Drogen sowie bei sexuellen Fragestellungen angewandt[241].

Die Randomized Response Technique wurde als persönliches Interview durchgeführt. Dabei saßen sich Untersucher und zu untersuchende Person gegenüber. Die zu untersuchenden Probanden wurden zunächst über die durchzuführende Befragung aufgeklärt. Insbesondere wird darauf hingewiesen, dass die Untersuchung vollkommen anonym, die Teilnahme freiwillig ist und jederzeit abgebrochen werden kann. Weiterhin wurde darauf hingewiesen, dass sämtliche weiteren erhobenen Daten streng vertraulich behandelt werden und dass zu untersuchende Personen aufgrund der vollkommenen Anonymität der Befragung keinerlei Nachteile durch eine wahrheitsgemäße Beantwortung der Fragen entstehen können.

Der zu untersuchenden Person wurden 20 Karten vorgelegt, von denen 15 auf der Vorderseite mit der Zahl „1" und 5 mit der Zahl „2" beschriftet sind. Die Rückseite der Karten war identisch. Diese wurden gemischt und die zu untersuchende Person aufgefordert, eine der Karten aus dem Kartenstapel zu ziehen. Je nachdem, ob eine Karte mit der Zahl „1" oder mit der Zahl „2" gezogen wurde, sollte die erste oder die zweite der beiden vorgegebenen Fragen beantwortet werden. Beide Fragen konnten jeweils nur mit „Ja" oder „Nein" beantwortet werden. Anschließend wurde die Antwort auf einem separaten Blatt dokumentiert. Insgesamt wurden den Probanden fünf Fragepaare gestellt, die jeweils eine sensible und eine neutrale Frage enthielten, wobei die Vorgehensweise für alle fünf Fragenpaare identisch war:

Fragenpaar 1:

1. Haben Sie jemals Dopingsubstanzen zu sich genommen?
2. Ist Ihre Mutter in den ersten 10 Tagen (1.-10. Tag) ihres Geburtsmonats geboren?
   Sie können auch eine andere Person als Ihre Mutter wählen, sofern Sie den Tag des Monats kennen, an dem diese Person geboren ist!

Fragenpaar 2:

1. Haben Sie jemals illegale Drogen zu sich genommen?

239 *Warner SL.* J Amer Stat Assoc 1965 (60), S. 63 ff.

240 *Boruch RF.* Soc Sci Res 1972 (1), S. 403 ff.; *Folsom RE, Greenberg BG, Horvitz DG, Abe rnathy JR.* J Amer Stat Assoc 1973 (68), S. 525; *Liu PT, Chow LP.* J Amer Stat Assoc 1976 (71), S. 72 f.; *Nordlund S, Holme I, Tmasfoss S.*Addiction 1994 (89), S. 401.

241 *Liu PT, Chow LP.* J Amer Stat Assoc 1976 (71), S. 72 f.; *Nordlund S, Holme I, Tmasfoss S.*Addiction 1994 (89), S. 401; *Volicer BJ, Volicer L.* J Stud Alcohol 1982 (43), S. 739.

2. Ist Ihr Vater in den ersten 10 Tagen (1.-10. Tag) seines Geburtsmonats geboren?
Sie können auch eine andere Person als Ihren Vater wählen, sofern Sie den Tag des Monats kennen, an dem diese Person geboren ist!

Fragenpaar 3:

1. Haben Sie jemals Kokain zu sich genommen?
2. Ist Ihr beste(r) Freund(in) in den ersten 10 Tagen (1.-10. Tag) ihres/seines Geburtsmonats geboren?
Sie können auch eine andere Person wählen, sofern Sie den Tag des Monats kennen, an dem diese Person geboren ist!

Fragenpaar 4:

1. Rauchen Sie?
2. Endet Ihre Hausnummer mit einer geraden Zahl?

Fragenpaar 5:

1. Trinken Sie Alkohol?
2. Endet Ihre Telefonnummer mit einer geraden Zahl?

Anschließend wurden die folgenden weiteren Daten der Probanden dokumentiert, sofern diese ihr Einverständnis zur Protokollierung gaben:

I. Anthropometrische Daten:

1. Alter (Jahre)
2. Größe (cm)
3. Gewicht (kg)
4. Geschlecht (männlich/weiblich)

II. Soziale Indikatoren:

1. Familienstand (ledig/verheiratet/getrennt lebend/geschieden/verwitwet)
2. Nationalität
3. Schulabschluss (kein Abschluss/Hauptschulabschluss/Mittlere Reife/Fachhochschulreife/Hochschulreife)

III. Sportausübung:

1. Trainingsjahre (Jahre)
2. Trainingshäufigkeit (Trainingseinheiten pro Woche)
3. Sportart (Fitnesstraining/Krafttraining/Bodybuilding)

Die Untersuchung wurde in Übereinstimmung mit der Helsinki-Deklaration durchgeführt und von der Ethik-Kommission der Medizinischen Fakultät der Universität Tübingen genehmigt.

3.2.3 Statistische Auswertung

In der vorliegenden Untersuchung wurde neben der sensiblen Frage jeweils eine neutrale Frage gestellt, deren Häufigkeit in der Gesamtpopulation bekannt ist. In diesem Fall ist es unnötig, das Untersuchungskollektiv auf die Häufigkeit des neutralen Charakteristikums hin zu untersuchen. Dies würde wiederum die Genauigkeit des Schätzwertes reduzieren[242].

Der Schätzwert des Anteils der Probanden, die die sensible Frage mit „Ja" beantwortet haben lässt sich durch Gleichung 1 ermitteln:

$$\pi_s = \frac{\hat{a} - (1-P)\pi_y}{P} \qquad \text{Gleichung 1}$$

wobei P der Anteil der Probanden ist, die die sensible Frage beantwortet haben und $\hat{a}$ dem Anteil der Probanden entspricht, die mit „Ja" geantwortet haben, unabhängig davon, welche Frage beantwortet wurde. π_y ist der Populationsanteil des Charakteristikums bezüglich der neutralen Frage (y).

Der Schätzwert der Varianz lässt sich aus Gleichung 2 bestimmen:

$$Var\ \pi_s = \frac{\hat{a}\ (1 - \hat{a})}{(n - 1) P^2} \qquad \text{Gleichung 2}$$

Das Datum des Geburtstages der Mutter, des Vaters und des Großvaters bzw. der Großmutter wurde als neutrale Frage verwandt. Im Gegensatz zur sensiblen Frage kann hier eine gleichmäßige Verteilung der Tage innerhalb der Monate angenommen werden. Dabei wurden die Tage 1 bis 28 mit 12,0 gewichtet, der Tag 29 mit 11,25 und der Tag 30 mit 11,0. Der Tag 31 wurde mit 7,0 gewichtet. Es wurde weiter davon ausgegangen dass 50 % der Haus- bzw. Telefonnummern mit einer geraden Zahl und 50 % mit einer ungeraden Zahl enden.

Unter Anwendung von Gleichung 1 und 2 wurden jeweils der Schätzwert und die 95 %-Konfidenzintervalle der Fragen ermittelt, mit der die untersuchten Probanden die sensible Frage zur Einnahme von Dopingsubstanzen, illegale Drogen, Kokain,

242 Nordlund S, Holme I, Tmasfoss S. Addiction 1994 (89), S. 401, 402f.

Nikotin bzw. Alkohol mit „Ja" beantwortet haben. Die auf diese Weise ermittelten Schätzwerte wurden dann mit den entsprechenden aus den Fragebögen berechneten Parametern verglichen.

3.3 Ergebnisse der Befragung mittels anonymer Fragebögen

3.3.1 Deskriptive Statistik

Tab. 5 fasst die Basischarakteristika der befragten Fitness-Studio-Mitglieder zusammen. Die Mehrheit der Befragten war männlich (62,8 %). Das Durchschnittsalter der Befragten betrug 33,7 Jahre (SD = 10,6), der Body Mass Index im Mittel 24.3 $kg \cdot m^{-1}$ (SD = 4,3). Ein Drittel der Befragten hatten eine Fachhochschulreife oder Abitur. Knapp ein Drittel gaben einen universitären Abschluss an, waren verheiratet und hatten Kinder. Mit über 90 % war die überwiegende Mehrheit der Befragten Deutsche. Zwei Drittel der Befragten gehörten der evangelischen oder katholischen Glaubensgemeinschaft an. Der Median der Trainingsjahre lag bei 7 Jahren (0,2 bis 35 Jahre). Drei Viertel gaben an Fitnesstraining zu betreiben, jeweils ein Sechstel Krafttraining oder Bodybuilding. Knapp drei Viertel der befragten Sportlerinnen und Sportler trainierten drei Trainingseinheiten pro Woche und mehr. Lediglich 30 % gaben den Konsum von Nikotin an. Dagegen fand sich bei mehr als drei Viertel der Befragten ein regelmäßiger oder unregelmäßiger Konsum von Alkohol. Ein Sechstel konsumierte regelmäßig oder unregelmäßig illegale Drogen, wobei die überwiegende Mehrheit dieser Personen Haschisch oder Marihuana konsumierte. Knapp 5 % gaben den Gebrauch von Kokain an. Ein hoher Anteil (13,5 %) der Fitness-Studio-Mitglieder – 19,2 % der Sportler und 3,9 % der Sportlerinnen – hatte bereits Dopingsubstanzen eingenommen. 98,5 % dieser Personen gab den Konsum Anaboler Substanzen entsprechend der Liste der Verbotenen Substanzen der World Anti-Doping Agency an[243].

243 World Anti-Doping Agency (WADA). List of prohibited substances and methods. www.wada-ama.org.

Tab. 5: Basischarakteristika der befragten 621 Fitness-Studio-Mitglieder			
Variable	No. (%)	Variable	No. (%)
Geschlecht		Trainingfrequenz	
Weiblich	231 (37,2)	Unregelmäßig	25 (4,1)
Männlich	390 (62,8)	1-2 mal pro Woche	139 (22,6)
Schulabschluss		3-4 mal pro Woche	311 (50,7)
Hochschulreife	203 (33,4)	5-6 mal pro Woche	115 (18,7)
Ausbildung		Täglich	24 (3,9)
Universitätsabschluss	175 (31,7)	Nikotin	
Familienstand		Ja	184 (30,0)
Verheiratet	189 (30,4)	Alkohol	
Kinder		Ja	479 (77,8)
Ja	177 (28,5)	Illegale Drogen	
Nationalität		Ja	75 (15,9)
Deutsch	575 (92,6)	Designer Drogen	
Religion		Ja	12 (2,7)
Katholisch/Evangelisch	402 (64,7)	Haschisch/Marihuana	
Keine/Andere Religion	219 (35,3)	Ja	68 (14,4)
Trainingsjahre		Kokain	
≤ 6	304 (52,3)	Ja	21 (4,7)
> 6	277 (47,7)	Heroin	
Sportart		Ja	1 (0,2)
Fitnesstraining	458 (75,1)	Dopingsubstanzen	
Krafttraining	76 (12,5)	Ja	84 (13,5)
Bodybuilding	76 (12,5)		

3.3.2 Zusammenhang zwischen Basischarakteristika und dem Gebrauch von Dopingsubstanzen

In Tab. 6 sind die Zusammenhänge zwischen Basischarakteristika und der Einnahme von Dopingsubstanzen dargestellt. In gleicher Weise wie in früheren Studien[244] fand sich auch in der vorliegenden Untersuchung eine höhere Anzahl Männer (19,2 %) als Frauen (3,9 %), die die Einnahme von Dopingsubstanzen angaben (χ^2 = 29,2, df

244 *DuRant RH, Rickert VI, Ashworth CS, Newman C, Slavens G.* N Engl J Med 1993 (328), S. 922; *Korkia P, Stimson GV.* Int J Sports Med 1997 (18), S. 557; *Nilsson S, Baigi A, Marklund B, Friedlund B.* Eur J Public Health 2001 (11), S. 195.

= 1, $p<0,0001$). Im Gegensatz hierzu ergab sich mit Ausnahme des höheren Body Mass Index (χ^2 = 34,6, df = 1, $p < 0,0001$) und des höheren Körpergewichts (χ^2=38,6, df = 1, $p<0,0001$) bei den Dopingkonsumenten kein weiterer signifikanter Zusammenhang zwischen anthropometrischen Daten und der Einnahme von Dopingsubstanzen.

Weiterhin zeigten sich ebenfalls keine signifikanten Zusammenhänge zwischen den untersuchten sozialen Indikatoren und dem Konsum von Dopingsubstanzen. Anders dagegen fand sich für alle Parameter, die die Sportausübung betreffen, signifikante Zusammenhänge zur Einnahme von Dopingsubstanzen (Tab. 6). Je länger und je häufiger die Fitness-Studio-Mitglieder bereits trainierten, desto eher konsumierten diese Dopingsubstanzen (χ^2 = 15,9 df = 1, $p<0,0001$ bzw. χ^2 = 35,3, df =4, $p<0,0001$). Mehr als die Hälfte der Sportler, die als Sportart Bodybuilding angaben (52,6 %), jedoch nur 7,9 % der Sportler, die Fitnesstraining und 10,5 % derjenigen, die Krafttraining als Sportart angaben, bejahten den Gebrauch von Dopingsubstanzen (χ^2 = 110,8, df = 2, $p<0,0001$).

Rauchen zeigte keine signifikante Korrelation zum Konsum von Dopingsubstanzen. Dagegen fand sich zum Alkoholkonsum ein signifikant-negativer Zusammenhang (χ^2 = 17,4, df = 2, $p<0.0005$), da 24,1 % derjenigen Fitness-Studio-Mitglieder, die keinen Alkohol trinken, aber nur 10,0 % der unregelmäßigen und 12,4 % der regelmäßigen Alkoholkonsumenten den Gebrauch von Dopingsubstanzen bejahten. Hinsichtlich illegaler Drogen zeigte lediglich der Kokainkonsum einen signifikanten Zusammenhang zur Einnahme von Dopingsubstanzen (χ^2 = 29,8, df =1, $p<0,0001$).

Tab. 6: Signifikante Zusammenhänge zwischen Dopingsubstanzeinnahme und Basischarakteristika

Characteristicum*	Doping „Ja"		Doping „Nein"		Odds ratio	95% CI
	No.	%	No.	%		
Probandenkollektiv	537	86,5	84	13,5		
Geschlecht						
Weiblich	222	96,1	9	3,9		
Männlich	315	80,8	75	19,2	5,87	3,03 – 12,8
Body Mass Index						
≤ 23	253	95,8	11	4,2		
> 23	283	79,5	73	20,5	6,17	3,49 – 11,7
Gewicht						
≤ 74	291	95,1	15	4,9		
> 74	245	78,0	69	22,0	5,46	3,13 – 10,1
Sportart						
Fitnesstraining	422	92,1	36	7,9		
Krafttraining	68	89,5	8	10,5		
Bodybuilding	36	47,4	40	52,6	12,4	7,20 – 21,5
Trainingsfrequenz						
Unregelmäßig	24	96,0	1	4,0		
1-2 mal pro Woche	136	97,8	3	2,2		
3-4 mal pro Woche	267	85,9	44	14,1	8,65	3,52 – 28,7
5-6 mal pro Woche	85	73,9	30	26,1		
Täglich	18	75,0	6	25,0		
Trainingsjahre						
≤ 6	255	92,1	22	7,9		
> 6	245	80,6	59	19,4	2,79	1,68 – 4,78
Alkohol						
Nein	104	75,9	33	24,1		
Unregelmäßig	351	90,0	39	10,0	0,37	0,23 – 0,60
Regelmäßig	78	87,6	11	12,4		
Kokain						
Nein	373	86,7	57	13,3		
Ja	9	42,9	12	57,1	8,73	3,54 – 22,3

* Das Signifikanzniveau der dargestellten Zusammenhänge lag bei $p \leq 0{,}0005$

3.3.3 Logistische Regressionsanalyse

Um den Einfluss einer unabhängigen Variable, wie beispielsweise des Body Mass Index auf die Einnahme von Dopingsubstanzen zu untersuchen, ist es notwendig, diese auf weitere Einflussfaktoren, wie Geschlecht oder Körpergewicht zu kontrollieren. Hierzu wurde eine logistische Regressionsanalyse durchgeführt, um den kombinierten Effekt mehrerer Variablen auf die Wahrscheinlichkeit der Einnahme von Dopingsubstanzen oder Drogen darzustellen[245]. Zunächst wurden mittels stufenweiser logistischer Regressionsanalyse sämtliche Parameter der Unterpunkte I. bis V. gesichtet, um die Parameter zu bestimmen, die möglicherweise geeignet sind, die Einnahme von Dopingsubstanzen vorherzusagen. Das Signifikanzniveau, das ein Regressionsterm erreichen musste, um für die weitere Auswertung Berücksichtigung zu finden und als Variable in die Regressionsgleichung eingehen zu können, wurde auf 0,05 festgelegt. In einem zweiten Schritt wurden die auf diese Weise ausgewählten Interaktionsparameter in eine nominal logistische Regressionsanalyse eingestellt, um sich potenzierende Interaktionseffekte der ausgewählten Variablen zu analysieren. Dabei ist beachten, dass die logistische Regressionsanalyse wie in gleicher Weise andere multivariate statistische Verfahren keine kausalen Zusammenhänge begründen können.

Die logistische Regressionsanalyse ergab ein Modell mit acht dichotomen Vorhersageparametern, wobei diese auf einem Datensatz von n = 414 beruhten. Die Vorhersageparameter sind in Abb. 2 dargestellt. Ein Test des Effektmodells gegen das Baseline-Modell zeigte eine hohe statistische Reliabilität, $\chi^2 = 144{,}3$, df = 8, $p<0{,}0001$. Daraus lässt sich schließen, dass anhand des Modells zuverlässig zwischen Personen die Dopingsubstanzen konsumieren und solchen, die dies nicht tun, unterschieden werden kann.

Zur Überprüfung der Güte des Analysemodells wurde darüber hinaus die sogenannte Receiver-Operating-Kurve[246] bestimmt, die eine graphische Darstellung zwischen falsch positiven und richtig positiven Ergebnissen beinhaltet. Die Fläche unterhalb der Kurve lag bei 0,87, was zeigt, dass das Modell in exzellenter Weise die Einnahme von Dopingsubstanzen vorhersagen kann (Abb. 1). Schlussendlich zeigt der Vergleich mit dem vollständig saturierten Modell, dass sich das Effektmodell durch Interaktionsterme nicht beeinflussen lässt. Es ergaben sich zwischen dem vollständig saturierten Modell und dem Effektmodell keine signifikanten Unterschiede ($\chi^2 = 46{,}6$, df = 68, n.s.).

245 *Kleinbaum DG, Klein M.* S. 103ff.
246 Vgl. Fn. 245.

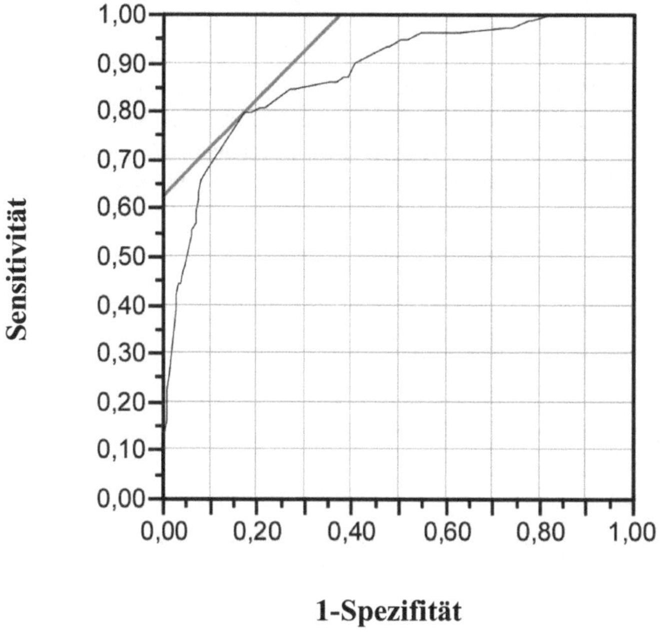

Abb. 1: Receiver-Operating-Kurve für das Modell mit sieben Parametern zur Vorhersage des Gebrauchs von Dopingsubstanzen. Die Fläche unterhalb der Kurve liegt bei 0,87.

Abb. 2 zeigt die auf diese Weise berechneten Odds Ratios mit 95 % Konfidenzintervallen (CI) für jeden einzelnen Vorhersageparameter. Die Odds Ratios zeigen einen positiven Zusammenhang zwischen der Einnahme von Dopingsubstanzen und Body Mass Index, Kokainkonsum, Trainingsjahren, Trainingsfrequenz und Bodybuilding sowie einen negativen Zusammenhang zum Konsum von Alkohol, Hochschulreife und deutscher Nationalität. Dabei zeigte die Odds Ratio für die abhängige Variable Dopingsubstanzeinnahme für Personen, die den Konsum von Kokain bejahten, einen beinahe 30-fach höheren Wert als für diejenigen, die den Kokaingebrauch verneinten. Im Gegensatz hierzu lag die Odds Ratio für den Parameter Alkoholkonsum bei nur 0,3. Weder der Parameter „Geschlecht" noch der Parameter „illegaler Drogenkonsum" zeigte einen signifikanten Einfluss auf das dargestellte Modell.

Eine zweite Regressionsanalyse wurde für die abhängige Variable „illegaler Drogenkonsum" durchgeführt. Diese weitere Analyse sollte die Frage beantworten, ob Konsumenten von illegalen Drogen- bzw. Dopingsubstanzen unterschiedliche Profile zeigen oder ob es sich hierbei um dieselben Einflussparameter handelt. Die analytische Vorgehensweise entsprach hierbei der des oben dargestellten Modells zu Einflussparametern für den Gebrauch von Dopingsubstanzen. Auf diese Weise konnten mittels stufenweiser logistischer Regressionsanalyse fünf Vorhersageparameter bestimmt werden (Abb. 4). Ein Test des Effektmodells für diese fünf Vorhersageparameter gegen das Baselinemodell war hochsignifikant (χ^2 = 50,7, df=5, p<0,0001). Die Fläche unterhalb der Receiver-Operating-Kurve lag bei 0,76, was einer eher moderaten Vorhersageleistung entspricht (Abb. 3). Wie schon in der vorherigen Analyse zum Gebrauch von Dopingsubstanzen zeigt der Vergleich mit dem vollständig saturierten Modell, dass sich die Vorhersageleistung des Modells zum Konsum von illegalen Drogen nicht durch Interaktionsterme beeinflussen lässt (χ^2 = 27,6, df = 23, n.s.).

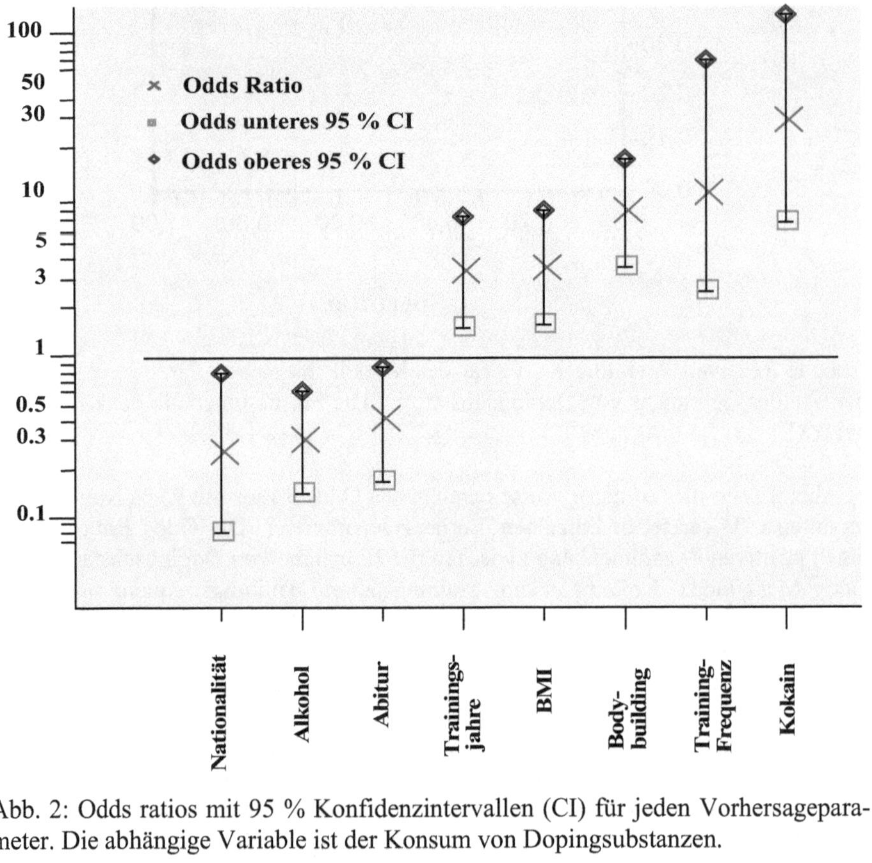

Abb. 2: Odds ratios mit 95 % Konfidenzintervallen (CI) für jeden Vorhersageparameter. Die abhängige Variable ist der Konsum von Dopingsubstanzen.

Vergleicht man die Regressionsanalysen für die Einnahme von Dopingsubstanzen mit der für den Gebrauch von illegalen Drogen, so zeigen sich bemerkenswerte Unterschiede zwischen Doping- und Drogenkonsumenten. Zum einen fanden sich in den Regressionsanalysen unterschiedliche Vorhersageparameter, beispielsweise Body Mass Index, Sportart Bodybuilding und Trainingsjahre für den Gebrauch von

Dopingsubstanzen, die jedoch keinen Einfluss auf den Konsum von illegalen Drogen zeigten. Im Gegensatz hierzu stand die Einnahme von illegalen Drogen in einem positiven Zusammenhang zu Rauchen und Alkoholgenuss. Zum anderen beeinflusste der Parameter Alkohol beide abhängigen Variablen, jedoch in unterschiedliche Richtungen. Alkoholgenuss erhöht die Odds ratio für den Konsum von illegalen Drogen, erniedrigt jedoch die Odds ratio für die Einnahme von Dopingsubstanzen. Allerdings scheint sich aufgrund der zweiten Analyse ein positiver Zusammenhang zwischen dem Gebrauch von Dopingsubstanzen und illegalen Drogen zu ergeben. Dieser Zusammenhang ist jedoch ausschließlich als Effekt der Kokaineinnahme zu sehen. Schließt man nämlich die Kokainkonsumenten aus der Analyse aus, so findet sich kein positiver Zusammenhang zwischen diesen Parametern mehr.

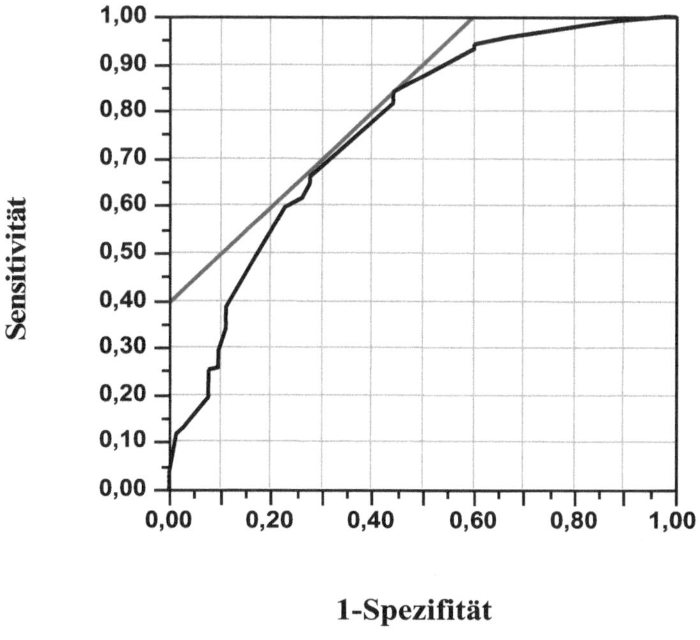

Abb. 3: Receiver-Operating-Kurve für das Modell mit sieben Parametern zur Vorhersage des Gebrauchs von illegalen Drogen. Die Fläche unterhalb der Kurve liegt bei 0,76.

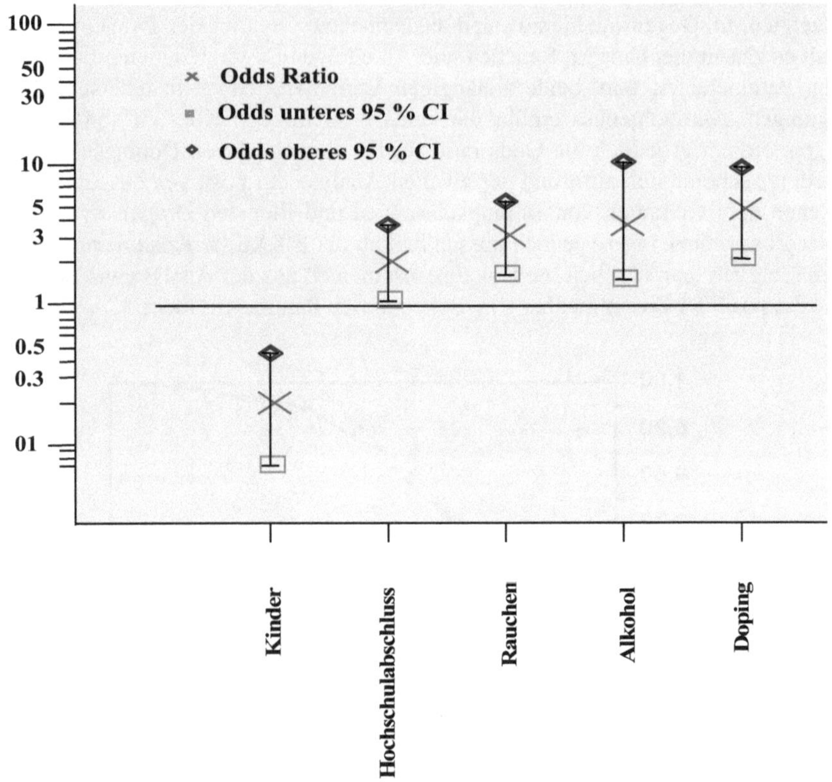

Abb. 4: Odds ratios mit 95 % Konfidenzintervallen (CI) für jeden Vorhersageparameter. Die abhängige Variable ist der Konsum illegaler Drogen.

3.3.4 Vorhersageprofile für den Gebrauch von Dopingsubstanzen

Unter Einbeziehung der acht Vorhersageparameter wurde ein Vorhersageprofil für die Einnahme von Dopingsubstanzen errechnet (Abb. 5). Ein Individuum wird von diesem Modell als Dopingkonsument erkannt, wenn seine oder ihre individuelle Wahrscheinlichkeit für die Einnahme von Dopingsubstanzen über 50 % liegt (oberhalb der gepunkteten, horizontalen Linie in Abb. 5). Für dieses Modell liegt die Sensitivität unter Einbeziehung des Parameters „Kokainkosum" bei 50,8 % und die Spezifität bei 96,6 %. Lässt man den kritisch zu erhebenden Parameter Kokainkonsum weg, so liegen die Sensitivität bei 40,5 % und die Spezifität bei 96,7 %.

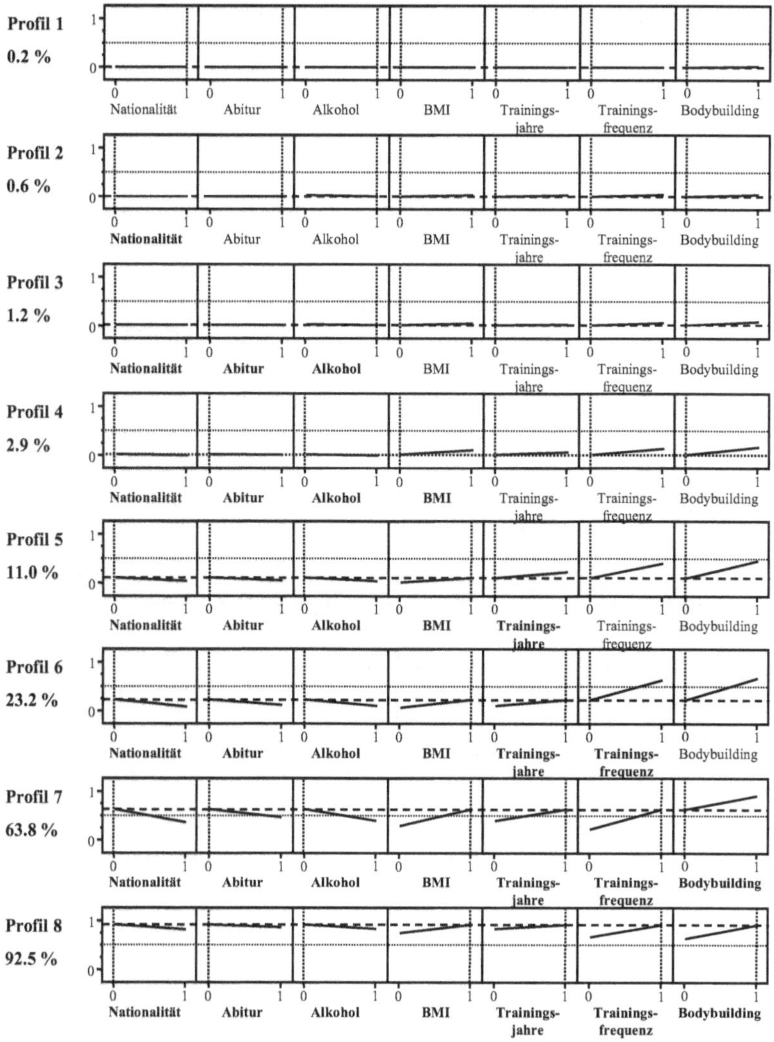

Abb. 5: Vorhersageprofile für die Einnahme von Dopingsubstanzen (ohne Einbeziehung des Parameters Kokain). Die senkrechten gepunkteten Linien zeigen die jeweilige Stellung (0 oder 1) der sieben dichotomisierten Parameter. Dabei entspricht „0" der Antwort „Nein" zu den Parametern „deutsche Nationalität", „Abitur", „Alkohol", „Bodybuilding", sowie BMI < 24,3 kg·m^{-1}, Trainingsjahre < 7 Jahre, Trainingsfrequenz < 4 Einheiten pro Woche. Die horizontale gestrichelte Linie zeigt die jeweilige Wahrscheinlichkeit für die Einnahme von Dopingsubstanzen an, wobei „0" 0 % und „1" 100 % entspricht. Profil 1 ist das Profil mit der niedrigsten Wahrscheinlichkeit für die Einnahme von Dopingsubstanzen. Die jeweils geänderten Parameter sind fettgedruckt. Die durchgezogene Linie in den einzelnen Plots

zeigt den Einfluss eines Parameters auf die Wahrscheinlichkeit der Einnahme von Dopingsubstanzen in Parameterkonstellation.

3.3.5 Dopinganamnese

86,5 % der Dopingkonsumenten gaben einen aktuellen Konsum dieser Substanzen an (Abb. 6). Hauptsächlich wurden anabole Steroide, entweder allein (55,2 %) oder in Kombination mit anderen Substanzklassen, wie Peptidhormonen, Diuretika oder Kortikosteroiden (32,1 %) genannt. Die restlichen 16,4 % der Dopingkonsumenten – mit der Ausnahme eines Probanden, der ausschließlich den Gebrauch von Ephedrin nannte – gaben die Einnahme des anabol wirksamen Beta-2-Sympathomimetikums Clenbuterol an. 51,5 % gaben sowohl eine orale als auch eine parenterale Verabreichungsart an, während 35,3 % nur oral und 13,2 % ausschließlich parenteral Dopingsubstanzen konsumierten (Tab. 7).

Tab. 7: Details des Dopingsubstanzkonsums

Variable	No. (%)	Variable	No. (%)
Konsumierte Substanzen		Anzahl der konsumierten Substanzen	
Nur Anabole Steroide	37 (55,2)	1	27 (39,7)
Nur Clenbuterol	9 (13,4)	2-4	29 (42,6)
Nur Stimulantien	1 (1,5)	> 4	12 (17,6)
Anabole Steroide und andere	19 (28,4)		
Clenbuterol und andere	1 (1,5)		
Einnahmeweg			
Oral	24 (35,3)		
Parenteral	9 (13,2)		
Beide Wege	35 (51,5)		

48,1 % der Dopingkonsumenten bezogen die Substanzen illegal aus dem Gesundheitswesen (Tab. 8; Abb. 6). Von diesen Personen erhielten 48,7 % ihre Wirkstoffe von Ärzten auf Rezept, 33,3 % aus Apotheken ohne Rezept, weitere 10,3 % nannten beide Bezugswege. 7,7 % der Befragten erhielten die Dopingsubstanzen aus der Apotheke unter Verwendung eines Rezepts, jedoch ohne Verschreibung durch Ärzte. 58,3 % der Sportler, die mehr als vier verschiedene Dopingsubstanzen gebrauchten, nannten als Bezugsquelle auch Ärzte, wogegen dies bei der Einnahme von zwei bis vier Wirkstoffen lediglich 34,5 % und bei singulärer Einnahme nur 11,1 % angaben. Exakt die Hälfte der Sportler, die als Bezugsquelle für Dopingsubstanzen den Schwarzmarkt nannten, bezogen diese ausschließlich von anderen Fitness-Studio-Mitgliedern, während 28,6 % ihre Wirkstoffe von externen Dealern erhielten.

21,4 % nannten beide der vorgenannten Bezugsquellen. Keiner der Sportler, die externe Dealer als ausschließliche Bezugsquelle nannten, aber 34,1 % derjenigen, die (auch) andere Bezugsquellen nannten, gaben den Konsum von Drogen an (χ^2 = 4,4, df = 1, p<0,05). Dementsprechend scheint der Kontakt zu externen Dealern nicht als Tor zum Gebrauch illegaler Drogen zu führen. 32,1 % der Dopingkonsumenten lassen die Einnahme durch Ärzte kontrollieren. Vergleicht man dopende und nicht dopende Sportler hinsichtlich der Inkaufnahme gesundheitlicher Risiken, so nehmen dopende Athleten häufiger vorübergehende gesundheitliche Risiken in Kauf als dies nicht dopende Athleten tun würden (47,6 % vs. 8,2 %, χ^2 = 96,5, df = 1, p<0,0001).

Tab. 8: Bezugsquellen der Dopingsubstanzen

Variable	No. (%)	Variable	No. (%)
Quelle der Substanzen		Gesundheitswesen	
Schwarzmarkt	42 (51,9)	Arzt und Rezept	19 (48,7)
Gesundheitswesen	16 (19,8)	Apotheke ohne Rezept	13 (33,3)
Beide	23 (28,4)	Beides	4 (10,3)
Schwarzmarkt		Apotheke ohne Rezept unter Verwendung eines Rezepts	3 (7,7)
Fitness-Studio-Mitglieder	21 (50,0)		
Externe Dealer	12 (28,6)		
Beide	9 (21,4)		

Als Hauptmotive für die tatsächliche oder potentielle Einnahme von Dopingsubstanzen wurden Verbesserung des Aussehens (81,0 % der tatsächlichen Konsumenten vs. 62,5 % der Sportler, die die Dopingeinnahme verneint hatten, χ^2 = 9,7, df = 1, p<0,005) und Kraftzuwachs (70,9 % vs. 39,0 %, χ^2 = 26,0, df = 1, p<0,0001) genannt (Abb. 7). Sportliche Erfolge, Verbesserung der Ausdauerleistungsfähigkeit und Leistungsstagnation spielten dagegen eine eher untergeordnete Rolle. Hier ergaben sich keine signifikanten Unterschiede zwischen Sportlern, die den Gebrauch von Dopingsubstanzen bejahten bzw. verneinten.

Abgesehen vom engen Kontakt zu Ärzten (56,0 % vs. 58,3 %, χ^2 = 0,2, df = 1, n.s.) ergaben sich zwei weitere Informationsquellen, bei denen sich signifikante Unterschiede zwischen Sportlern ergaben, die den Gebrauch von Dopingsubstanzen bejahten bzw. verneinten. Dopingkonsumenten nannten häufiger andere Sportler (54,2 % vs. 28,3 %, χ^2 = 21,5, df = 1, p<0,0001) und eigenes Literaturstudium (54,2 % vs. 33,9 %, χ^2 = 12,3, df = 1, p<0,0005) als Informationsquelle bzgl. Dopingsubstanzen. Andere Informationsquellen, wie Trainer, Freunde oder das Internet waren sowohl für Dopingkonsumenten als auch für diejenigen, die den Gebrauch verneinten, von geringerem Interesse und zeigten keine signifikanten Unterschiede zwischen den genannten Subgruppen.

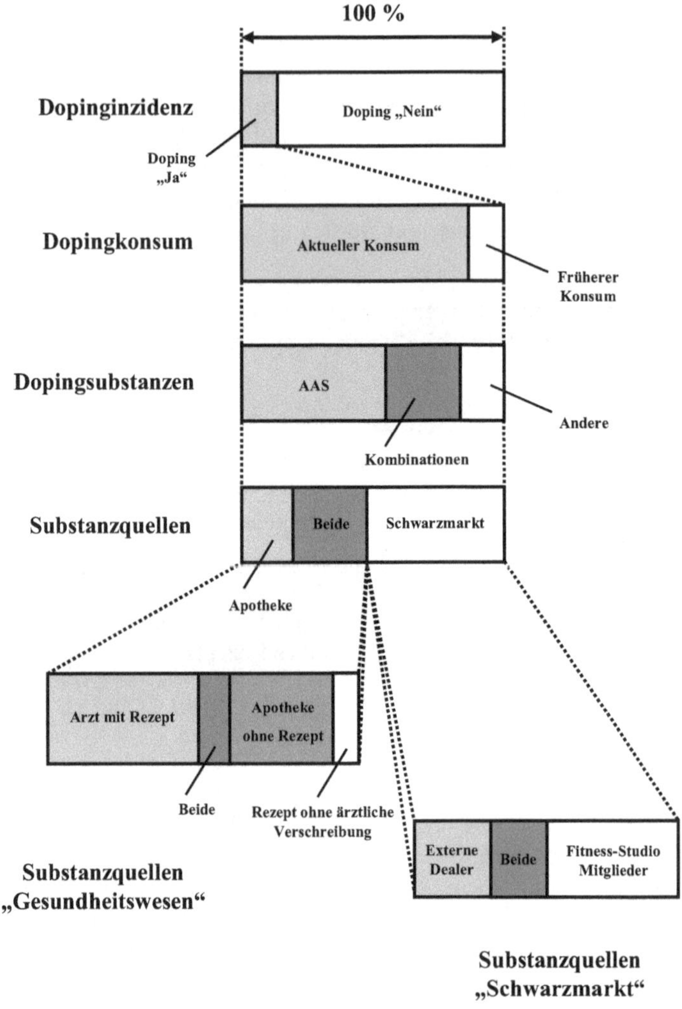

Abb. 6: Charakteristika des Dopingsubstanzkonsums der befragten Fitness-Sportler.

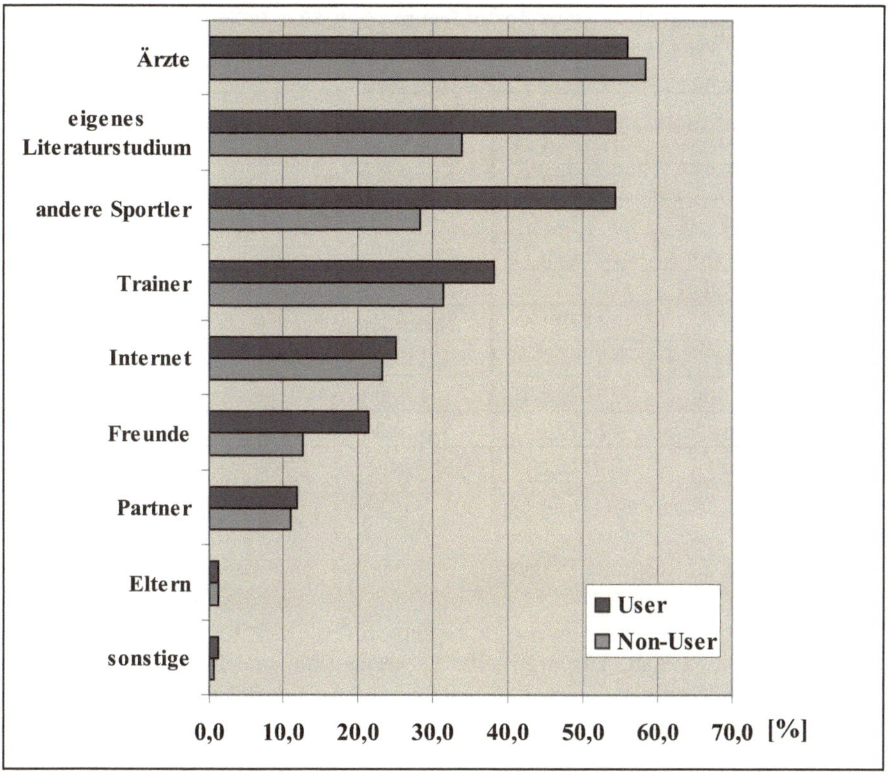

Abb. 7: Informationsquellen zu Dopingsubstanzen

3.4 Ergebnisse der Befragung mittels der Randomized Response Technique

3.4.1 Deskriptive Statistik

Die Mehrheit der Befragten war männlich (69,4 %). Das Durchschnittsalter aller Befragten betrug 32,0 Jahre (SD = 11,0), der Body Mass Index im Mittel bei 24,2 $kg \cdot m^{-1}$ (SD = 3,5). Verheiratet waren 28,6 %. Die Hochschulreife als Schulabschluss nannten 46,2 %. 83,8 % der Befragten waren Deutsche. Der Anteil der Verheirateten lag bei knapp 30 %. Der Median der Trainingsjahre lag bei 4 Jahren (0,2 bis 50 Jahre), der Median der Trainingsfrequenz bei 3 Trainingseinheiten pro Woche (0,5 bis 11 Trainingseinheiten pro Woche). Als Sportart nannten 58,4 % Fitnesstraining, 25,4 % Krafttraining und 16,2 % Bodybuilding (Tab. 9).

Tab. 9: Basischarakteristika der befragten 500 Fitness-Studio-Mitglieder			
Variable	No. (%)	Variable	No. (%)
Geschlecht		Nationalität	
Weiblich	153 (30.6)	Deutsch	419 (83,8)
Männlich	347 (69,4)	Trainingjahre	
Schulausbildung		<6	317 (63,4)
Hochschulreife	231 (46,2)	≥6	183 (36,6)
Familienstand		Trainingfrequenz	
Verheiratet	143 (28,6)	Sporadisch	1 (0,2)
Sportart		1-2 mal pro Woche	171 (34,2)
Fitnesstraining	292 (58,4)	3-4 mal pro Woche	261 (52,2)
Krafttraining	127 (25,4)	5-6 mal pro Woche	54 (10,8)
Bodybuilding	81 (16,2)	täglich	13 (2,6)

3.4.2 Randomized Response Fragen

Die Ergebnisse der persönlichen Befragung mittels der Randomized Response Technique sind in Tab. 10 dargestellt. Es ergab sich eine Dopingprävalenz von 12,5 % (95 %, Konfidenzintervall (CI) 8,2-17,4 %). Dies entspricht den in der Befragung mittels Fragebögen gefundenen Ergebnissen (Tab. 11). Gleiches gilt für die Fragen nach Nikotin- und Alkoholkonsum. Auch hier ergaben sich in beiden Befragungstechniken vergleichbare Ergebnisse. Im Gegensatz hierzu fanden sich bei den Fragen nach illegalem Drogenkonsum im Allgemeinen und Kokainkonsum im speziellen mittels der Randomized Response Technique etwa dreimal höhere Werte als in der Befragung mittels Fragebögen (41,3 % vs. 15,9 % für Drogen im Allgemeinen bzw. 14,6 % vs. 4,7 % für den Kokainkonsum).

Tab. 10: Ergebnisse der Befragung mittels der Randomized Response Technique						
Sensible Frage	Neutrale Frage	„ja“	„nein“	a	π_S	95% CI
Haben Sie jemals Dopingsubstanzen zu sich genommen?	Ist Ihre Mutter in den ersten 10 Tagen ihres Geburtsmonats geboren?	88	412	0,176	12,5	8,2 – 17,4
Haben Sie jemals illegale Drogen zu sich genommen?	Ist Ihr Vater in den ersten 10 Tagen seines Geburtsmonats geboren?	196	304	0,392	41,3	35,6 – 47,2
Haben Sie jemals Kokain zu sich genommen?	Ist Ihr(e) beste(r) Freund(in) in den ersten 10 Tagen ihres Geburtsmonats geboren?	96	404	0,192	14,6	10,1 – 19,5
Rauchen Sie?	Endet Ihre Hausnummer mit einer geraden Zahl?	166	334	0.332	27,6	22,1 – 33,4
Trinken Sie Alkohol?	Endet Ihre Telefonnummer mit einer geraden Zahl?	324	176	0,648	69,7	63,9 – 75.3

Tab. 11:Vergleich der Ergebnisse der Befragung mittels anonymer Fragebögen und der Befragung mittels der Randomized Response Technique		
Variable	Anonyme Fragebögen	Randomized Response Technique
Doping „ja“	13,5 %	12,5%
Illegale Drogen „ja“	15,9 %	41,3 %
Kokain „ja“	4,7 %	14,6 %
Rauchen „ja“	30,0 %	27.5 %
Alkohol „ja“	77,8 %	69,6 %

Diskussion und Vorschläge für Anti-Doping Maßnahmen im Fitness-Sport

Die dargestellten Studienergebnisse verdeutlichen in besonderer Weise, dass es sich beim Doping im deutschen Fitness-Sport um ein ernstzunehmendes Problem mit weitreichenden Folgen, nicht nur für den Einzelnen, sondern auch für die Allgemeinheit handelt. Doping im Fitness-Sport ist gerade nicht nur auf wenige Wettkampfkraftsportler oder sog. „Hard-Core" Bodybuilder beschränkt, sondern wird von vielen Freizeitsportlern in gleicher Weise betrieben.

Betrachtet man die Dosierungen der Dopingsubstanzen der unter Punkt 3. dargestellten Studienergebnisse, so zeigt sich, dass im Fitness-Sport vergleichsweise hohe Wirkstoffmengen konsumiert werden. Für den Gebrauch anaboler Steroide liegt die errechnete Jahresgesamtdosis bei im Mittel knapp 10.000 Milligramm und damit deutlich über den Wirkstoffmengen, die Leistungssportlern in der ehemaligen DDR verabreicht wurden[247]. Dies birgt für dopende Sportler nicht absehbare gesundheitliche Risiken. Insbesondere ist davon auszugehen, dass sich bei längerfristigem, über Jahre andauerndem Gebrauch von Dopingsubstanzen schwerwiegende Langzeitschäden ergeben, die u.U. erst viele Jahre nach Beginn des Konsums zu Tage treten[248].

Bereits in den 90er-Jahren wurde auf der Basis einer auf die Gesamtbevölkerung in den Vereinigten Staaten bezogenen ähnlichen Prävalenz des Dopings berechnet, dass mehr als 500 Millionen US $ pro Jahr für den Konsum von Dopingsubstanzen ausgegeben werden[249]. Man kann nach dieser Studie und der Studie von Korkia et al.[250] davon ausgehen, dass in Großbritannien alleine durch die Gruppe der Fitness-Sportler etwa die gleiche Summe pro Jahr aufgewandt wird. Die hier unter Punkt 3. vorgelegte Studie weist zudem darauf hin, dass ein nicht unerheblicher Anteil der Kosten vom Gesundheitssystem und damit von der Allgemeinheit getragen wird. Hierbei ist noch nicht einmal berücksichtigt, dass die möglicherweise häufigen medizinischen Kontrollen der Dopingsubstanzeinnahme und die substanzmissbrauchsbedingten Folgekosten ebenfalls vom Sozialsystem getragen werden und sich hierdurch Kostenfaktoren ergeben, die nur schwer kalkulierbar sind. Die volkswirtschaftlichen und gesundheitsökonomischen Folgeschäden für die Allgemeinheit sind folglich kaum abschätzbar. Aufgrund der vorliegenden Dopingprävalenz ist in Deutschland von ca. 700.000 dopenden Fitness-Sportlern auszugehen. Allein ein

247 Vgl. hierzu *Berendonk B*, S. 128. Die Jahresmengen der verabreichten anabolen Steroide liegen bei 3.000 bis 4.000 mg pro Jahr.
248 Vgl. die Ausführungen in Kapitel 1.3.1.
249 *Bahrke MS, Yesalios CE, Wright JE*. Sports Med 1996 (22), S. 367, 369.
250 *Korkia P, Stimson GV*. Int J Sports Med 1997 (18), S. 557, 560 f.

Krankenhaustag dieser Sportler würde Kosten von mehr als 200 Mio. Euro verursachen. Der volkswirtschaftliche Schaden, der durch Doping bedingte ambulante Untersuchungs- und Therapiemaßnahmen verursacht wird, liegt vermutlich noch weitaus höher. Die vorliegenden Ergebnisse verdeutlichen den dringenden Handlungsbedarf, der sich nicht auf einige wenige Einzelmaßnahmen beschränken darf, sondern ein Zusammenspiel verschiedener Ansätze bedarf. Hierbei spielen nicht nur soziologisch-epidemiologische Gesichtspunkte eine Rolle, sondern insbesondere auch der vom Gesetzgeber vorgegebene rechtliche Rahmen und dessen Umsetzung und Kontrolle durch die zuständigen Strafverfolgungsbehörden.

4.1 Umfang des Dopings und Abschätzung des Dunkelfelds

In der vorliegenden Untersuchung mittels anonymer Fragebögen ergab sich eine Dopingprävalenz von 19,2 % bei männlichen und 3,9 % bei weiblichen Fitness-Studio-Mitgliedern. Vergleicht man diese Zahlen mit Ergebnissen früherer Studien, so scheint die Dopingprävalenz in den letzten beiden Jahrzehnten eher anzusteigen[251]. Einschränkend ist hierbei jedoch zu berücksichtigen, dass die methodische Vorgehensweise in den einzelnen Untersuchungen zum Teil erheblich differiert. Zwar wurden die meisten Untersuchungen mittels anonymer Fragebögen durchgeführt. Allerdings erscheint die konkrete Durchführung der Befragung in einigen Studien problematisch. So wurden beispielsweise Befragungen in der Art durchgeführt, dass die Probanden den Fragebogen in Anwesenheit der Untersucher ausfüllen und diesen dann in eine bereitgestellte Box ohne Namenskennung einwerfen mussten. Dieses Vorgehen erzeugt zwar Rücklaufraten von mehr als 90 %[252], führt aber gleichzeitig dazu, dass die untersuchten Personen sich möglicherweise einem äußeren Zwang ausgesetzt sehen, den Fragebogen zu beantworten. Hierdurch kann sich eine erhöhte Zahl sozial erwünschter Antworten ergeben. Im Gegensatz dazu liegt die in der hier dargestellten Untersuchung ermittelte Rücklaufrate mit 34,5 % dagegen deutlich niedriger, entspricht aber exakt dem Bereich, der bei vergleichbaren Untersuchungen in anderen sensiblen Themenbereichen, wie beispielsweise dem Drogenkonsum gefunden werden konnte[253].

Darüber hinaus zeigt sich eine Abhängigkeit der Dopingprävalenz vom jeweils untersuchten Probandenkollektiv. So konnten Lindström et al. in einer Untersuchung bei Bodybuildern in Schweden eine Dopingprävalenz von 38,4 % bei Männern und

251 *Korkia P, Stimson GV.* Int J Sports Med 1997 (18), S. 557,558; *Kanayama G, Gruber AJ, Pope HG, Borowiecki JJ, Hudson JL.* Psychother Psychosom 2001 (70), S. 137.

252 Vgl. Hierzu die Studien von *DuRant RH, Rickert VI, Ashworth CS, Newman C, Slavens G.* N Engl J Med 1993 (328), S. 922, 923; *Kanayama G, Pope HG, Cohane G, Hudson JL.* Drug Alcohol Depend 2003 (71), S. 77, 78 f.; *Nilsson S:* Eur J Clin Pharmacol 1995 (48), S.9; *Wichstrom L, Pedersen W.* J Stud Alcohol 2001 (62), S. 5, 7.

253 *Jarernsiripornkul N, Krska J, Capps PA, Richards RM, Lee A.* Br J Clin Pharmacol 2002 (53), S. 318f.; *Pinikahana J, Happell B, Carta B.* Nurs Health Sci 2002 (4), S. 57, 58.

9 % bei Frauen finden[254]. Dagegen fand sich in der amerikanischen Allgemeinbevölkerung eine Wahrscheinlichkeit für die Einnahme von anabolen Steroiden von 0,9 % bei Männern und 0,1 % bei Frauen[255].

Überdies scheinen sich länderspezifische Unterschiede hinsichtlich der Dopingprävalenz zu ergeben. In dem in der vorliegenden Untersuchung vergleichbaren Klientel von Fitness-Studio-Mitgliedern in England konnten Korkia et al. einen deutlich niedrigeren Dopingsubstanzkonsum sowohl bei Männern (9,1 %) als auch bei Frauen (2,3 %) finden[256]. Demgegenüber ergab sich bei Fitness-Studio-Besuchern in den Vereinigten Staaten mit 23 % eine im Vergleich zur vorliegenden Studie geringfügig höhere Dopingprävalenz bei Männern und eine nahezu vergleichbare Prävalenz bei Frauen (3 %)[257].

Die dargestellten Unterschiede machen bereits deutlich, dass sich die Dopingprävalenz in anderen Staaten nicht ohne wesentliche Einschränkungen auf die deutsche Bevölkerung, insbesondere definierte Subpopulationen, wie Fitness-Studio-Mitglieder übertragen lassen. Mithin können als Datenbasis für zukünftige Anti-Doping Maßnahmen nur Studienergebnisse dienen, die im jeweiligen Staat erhoben wurden. Dies gilt auch für die Abschätzung des Dunkelfelds bei Befragungen zur Einnahme von Dopingsubstanzen und des Zusammenhangs zu anderen legalen und illegalen Drogen. Zudem haben die bisher durchgeführten Untersuchungen in den Vereinigten Staaten und Groß-Britannien dieses Problem allenfalls ansatzweise angesprochen, jedoch nicht durch geeignete weitere Untersuchungen geprüft[258].

Das Problem des Dunkelfelds wissenschaftlicher Untersuchungen in sensiblen Themenbereichen, wie der Einnahme von Dopingsubstanzen oder illegalen Drogen hängt entscheidend von der objektiven und subjektiven Anonymität der konkreten Vorgehensweise der Befragung ab[259]. Dies bedeutet zum einen, dass die methodische Vorgehensweise der Datenermittlung so gestaltet sein muss, dass unter objektiven Gesichtspunkten für den Untersucher keine Möglichkeit besteht, Rückschlüsse auf einen einzelnen oder eine definierte Subpopulation ziehen zu können. Dies wurde in der vorliegenden Untersuchung streng eingehalten. Der Fragebogen war so konzipiert, dass keine Codierungen – auch keine versteckten – enthalten waren, die Rückschlüsse auf Einzelpersonen oder das jeweils untersuchte Fitness-Studio zulassen würden. Des Weiteren wurde die Anzahl der untersuchen Fitness-Studios mit einer Zahl von 113 so groß gewählt, dass die Angaben der Sportler keinen Rückschluss auf ein einzelnes Fitness-Studio zugelassen haben. Dies wurde auch durch

254 *Lindstrom M, Nilsson AL, Katzman PL, Janzon L, Dymling JF.* J Intern Med 1990 (227), S. 407.

255 *Yesalis CE, Kennedy NJ, Kopstein AN, Bahrke MS.* JAMA 1993 (270), S. 1217, 1218.

256 *Korkia P, Stimson GV.* Int J Sports Med 1997 (18), S. 557,558.

257 *Kanayama G, Gruber AJ, Pope HG, Borowiecki JJ, Hudson JL.* Psychother Psychosom 2001 (70), S. 137.

258 *DuRant RH, Rickert VI, Ashworth CS, Newman C, Slavens G.* N Engl J Med 1993 (328), S. 922 ff.

259 *Begin G, Boivin M, Bellerose J.* J Psych 1979 (101), S. 53ff.; *Nordlund S, Holme I, Tmasfoss S.* Addiction 1994 (89), S. 401 ff.

die Befragung von nur 2 % der Sportler des jeweiligen Fitness-Studios gewährleistet.

Auf der anderen Seite ist es nicht ausreichend, lediglich ein möglichst großes Probandenkollektiv anzusprechen. Vielmehr muss gewährleistet sein, dass auch der einzelne Proband für sich keine Gefahr sieht, durch die Befragung als Doping- oder Drogenkonsument detektiert zu werden. Dem wurde in der vorliegenden Untersuchung dadurch Rechnung getragen, dass die Probanden am Anfang des Fragebogens zunächst über das Ziel der Befragung, aber auch über die strikte Beachtung der Anonymität sowie deren praktische Umsetzung aufgeklärt wurden.

Trotz dieser anonymisierten Vorgehensweise ist nicht sicher auszuschließen, dass die befragten Fitness-Sportler aufgrund der Befragung dennoch ein Restrisiko sehen, als Einzelperson detektiert werden zu können, und deshalb auf sensible Fragestellungen nicht wahrheitsgemäß geantwortet haben. Um die Reliabilität der Untersuchungsergebnisse zu prüfen, konnten insgesamt 500 Fitness-Sportler in knapp der Hälfte der Fitness-Studios, in denen auch die Befragung mittels anonymer Fragebögen durchgeführt wurde, mit der Randomized Response Technique zur Einnahme legaler und illegaler Drogen sowie Dopingsubstanzen befragt werden. Zusätzlich wurden in nicht anonymisierter Form allgemeine Daten abgefragt. Hierbei zeigte sich, dass die jeweils untersuchten Probandenkollektive eine große Übereinstimmung hinsichtlich der allgemeinen Daten aufwiesen[260], mithin eine Vergleichbarkeit der befragten Kollektive gewährleistet werden konnte.

Hinsichtlich der sensiblen Fragenstellungen ergab sich in der Untersuchung mittels der Randomized Response Technique eine nahezu identische Einnahmehäufigkeit für Dopingsubstanzen wie in der Befragung mittels anonymer Fragebögen. Gleiches gilt für die Befragung hinsichtlich legaler Drogen, wie Alkohol und Nikotin. Auf der anderen Seite zeigte sich für den Gebrauch von illegalen Drogen allgemein und den Konsum von Kokain im Speziellen in der Randomized Response Untersuchung eine etwa dreifach höhere Einnahmewahrscheinlichkeit als in der Fragebogenstudie[261].

Daraus lässt sich schließen, dass in den hier untersuchten Probandenkollektiven die Einnahme von Dopingsubstanzen als weniger problematisch angesehen wird als der Konsum illegaler Drogen. In rechtlicher Hinsicht entspricht dies auch der geltenden Gesetzeslage. Während das Eigendoping und der Besitz der meisten Dopingsubstanzen nach den Vorschriften des Strafgesetzbuches und des Arzneimittelgesetzes nicht strafbar sind, wird der Besitz illegaler Drogen im Betäubungsmittelgesetz unter Strafe gestellt[262]. Dieses Ergebnis steht im Gegensatz zu Untersuchungen bei Leistungssportlern. Hier zeigten sich in der Randomized Response Untersuchung im

260 Vgl. hierzu Kapitel 3.3.1 und 3.4.1.

261 Vgl. hierzu Kapitel 3.3.1 und 3.4.2.

262 *Weber K*, § 29, Rdn. 824 ff. Der vom Bundestag verabschiedete Gesetzesentwurf zur Verbesserung der Bekämpfung des Dopings im Sport sieht die Einführung der Strafbarkeit des Besitzes nicht geringer Mengen bestimmter Dopingsubstanzen, darunter auch die im Fitness-Sport am häufigsten konsumierten Substanzen – anabole Steroide und Clenbuterol – vor. Vgl. hierzu BT-Drs. 16/5526, S. 5.

Vergleich zur Befragung mittels anonymer Fragebögen für den Gebrauch von Dopingsubstanzen eine weitaus höhere Einnahmewahrscheinlichkeit[263]. Lediglich 0,2 % der Athleten gaben in der Befragung mittels Fragebögen den Gebrauch von Dopingsubstanzen an, während sich in der Randomized Response Untersuchung eine Schätzwert von 6,8 % ergab. Demgegenüber fanden sich für den Konsum illegaler Drogen wesentlich geringere Unterschiede. Hier fand sich in der Fragebogenbefragung ein Konsum bei 6,3 % der Athleten, während sich mittels der Randomized Response Technique ein Wert von 8,8 % ergab[264].

Diese Ergebnisse verdeutlichen, dass das Maß der Sensibilität einzelner Fragestellungen eine Abhängigkeit vom jeweils untersuchten Probandenkollektiv zeigt. Während es für Fitness-Sportler unproblematisch zu sein scheint, zur Einnahme von Dopingsubstanzen ehrlich zu antworten, ist dies bei Leistungssportlern gerade nicht der Fall. Der Grund hierfür ist zum einen darin zu sehen, dass Leistungssportler im Falle des Dopings sportrechtlichen Sanktionen unterliegen. Andererseits unterliegen Leistungssportler einem hohen sozialen Druck, da bereits der bloße Dopingverdacht negative Auswirkungen auf die weitere sportliche Karriere verursachen kann. Im Gegensatz hierzu scheint sich der Konsum illegaler Drogen für Leistungssportler als eher unproblematisch darzustellen, trotz der Tatsache, dass gerade die häufig konsumierten illegalen Drogen, wie Haschisch, Marihuana oder Kokain ebenfalls in der Liste der verbotenen Substanzen und Methoden aufgeführt sind. Möglicherweise sind sich Leistungssportler dessen nicht bewusst. Eine Erklärung für die hohe Differenz in den beiden Untersuchungstechniken hinsichtlich illegaler Drogen kann auch darin begründet liegen, dass Fitness-Sportler möglicherweise bereits einer strafrechtlichen Verfolgung ausgesetzt waren bzw. sind und daher in der Befragung mittels Fragebögen keine wahrheitsgemäße Antwort gegeben haben.

Gerade dieses Ergebnis hat entscheidenden Einfluss auf die Zusammenhänge des Gebrauchs von Dopingsubstanzen, legalen Drogen und weiteren allgemeinen Parametern, die zur Erstellung eines spezifischen Konsumentenprofils genutzt werden können. Da hinsichtlich des Gebrauchs von Dopingsubstanzen von einer korrekten Beantwortung durch die Fitness-Sportler auszugehen ist, kann auf der Basis dieser Daten ein reliables Konsumentenprofil erstellt werden, welches wiederum für zukünftige präventive, aber auch repressive Maßnahmen eingesetzt werden kann. Im Gegensatz hierzu ist das Profil zur Einnahme illegaler Drogen aufgrund des dargestellten Dunkelfelds eher vorsichtig zu bewerten.

4.2 Dopendenprofile und deren Nutzen

Anhand der Datenbasis der Befragung von Fitness-Sportlern mittels anonymer Fragebögen konnten Zusammenhänge zwischen allgemeinen Daten, dem Konsum legaler Drogen und dem Gebrauch von Dopingsubstanzen berechnet werden. Darüber

263 *Striegel H.,* S. 70 f.
264 *Striegel H.,* S. 70 f.

hinaus lassen diese Daten die Erstellung eines Dopendenprofils zu, mit Hilfe dessen sich für eine einzelne Person anhand leicht zu erhebender allgemeiner und nicht sensibler Daten die Wahrscheinlichkeit für den Gebrauch von Dopingsubstanzen abschätzen lässt.

Unter Einbeziehung der dichotomisierten Parameter deutsche Nationalität, Abitur, Alkoholkonsum, Body-Mass-Index, Trainingsjahre, Trainingsfrequenz und Sportart Bodybuilding lässt sich je nach Parameterkonstellation eine Wahrscheinlichkeit für die Einnahme von Dopingsubstanzen von 0,2 % bis 92,5 % für Einzelpersonen individuell vorhersagen. Unter Anwendung dieser Dopendenprofile besteht die Möglichkeit, einzelne Fitness-Studio-Mitglieder, aber auch Fitness-Studios im Ganzen gezielt hinsichtlich des Umfangs des Dopingsubstanzkonsums zu analysieren.

Die so gewonnen Daten können sowohl für repressive, als auch für präventive Anti-Doping Maßnahmen genutzt werden.

4.2.1 Repressive Maßnahmen nach derzeit geltendem Recht

In repressiver Hinsicht könnten Fitness-Studios, deren Mitglieder eine hohe Wahrscheinlichkeit der Dopingsubstanzeinnahme aufweisen, durch die Strafverfolgungsbehörden kontrolliert und überwacht werden. Hierbei ist jedoch zu beachten, dass die Trainer in Fitness-Studios eine eher untergeordnete Rolle als Bezugsquelle für Dopingsubstanzen darstellen, vielmehr neben dem Gesundheitswesen insbesondere Mitsportler sowie der übrige Schwarzmarkt als Hauptlieferanten für Dopingwirkstoffe dienen[265]. Daher sollte insbesondere das Umfeld von Fitness-Studios mit hoher Dopendenwahrscheinlichkeit näher beleuchtet werden.

Als Möglichkeiten der Überwachung bieten sich die Überwachung des Fernmeldeverkehrs, der Einsatz technischer Mittel, der Einsatz Verdeckter Ermittler und insbesondere die Durchsuchung an. Sollten dabei dopingverdächtige Substanzen gefunden werden, so können diese sichergestellt oder beschlagnahmt werden. Für die genannten Möglichkeiten der Strafverfolgungsbehörden sind jedoch die geltenden gesetzlichen Rahmenbedingungen zu beachten, da derartige Maßnahmen einen Eingriff in die Grundrechte, insbesondere in das allgemeine Freiheitsrecht (Art. 2, Abs. 1), aber auch das Post- und Fernmeldegeheimnis darstellen (Art. 10, Abs. 1 GG)[266].

4.2.1.1 Überwachung des Fernmeldeverkehrs

Die Überwachung der Telekommunikation unterliegt gem. § 100a StPO strengen Voraussetzungen. Zulässig ist sowohl die Überwachung als auch die Aufzeichnung. Weiterhin muss eine der in § 100a StPO genannten Katalogtaten vorliegen. Dies ist

265 Vgl. hierzu Kapitel 3.3.5.

266 Vgl. hierzu *Meyer-Großner L.* Vor § 94, Rdn. 1; *Pfeiffer G.* StPO, vor §§ 94-111, Rdn. 1; BVerfGE 42, 212, 219 f.

für Verstöße gegen das Arzneimittelgesetz nicht der Fall[267]. Gleiches gilt für die beim Doping in Frage kommenden Straftaten des StGB, wie Körperverletzungsdelikte und fahrlässige Tötung. Anders ist dies für die Vorschriften des Betäubungsmittelgesetzes. Hier kann unter ebenfalls engen Voraussetzungen eine Überwachung des Post- und Fernmeldeverkehrs in Frage kommen. Gem. § 100a, Nr. 4 StPO ist dies jedoch nur dann der Fall, wenn ein besonders schwerer Fall i.S.d. § 29, Abs. 3, S. 2 Nr. 1 BtMG vorliegt, d.h. das Regelbeispiel des gewerbsmäßigen Handelns der Tatbestandsalternativen des § 29, Abs. 1, S. 1 Nr. 1, 5, 6, 10, 11 oder 13 BtMG gegeben sind[268]. Gleiches gilt, wenn der Täter die Voraussetzungen der §§ 29a, 30, Abs. 1 Nr. 1, 2, 4, 30a oder 30b BtMG erfüllt[269].

Es ist nicht notwendig, dass ein hinreichender Tatverdacht i.S.v. § 203 StPO oder ein dringender i.S.d. § 112, Abs. 1, S. 1 StPO vorliegt. Ausreichend ist vielmehr, dass bestimmte Tatsachen vorliegen, die den Verdacht auf eine der genannten Katalogtaten oder deren Vorbereitung begründen, wobei dem Anordnenden ein gewisser Beurteilungsspielraum zugestanden werden muss[270]. Beachtet werden muss weiterhin der in § 100a StPO normierte Subsidiaritätsgrundsatz. Eine Überwachung ist nur dann zulässig, wenn sie unentbehrlich ist und die Sachverhaltserforschung oder der Ermittlung des Aufenthaltsortes des Beschuldigten aussichtslos oder sonst wesentlich erschwert wäre[271]. Die Anordnung darf sich zudem nur gegen bestimmte Personen richten. Dies sind der Beschuldigte und Nichtbeschuldigte, aber nur dann, wenn anzunehmen ist, dass sie für den Beschuldigten Mitteilungen entgegennehmen oder der Beschuldigte ihren Anschluss benutzt.

Die Anordnung darf gem. § 100b, Abs. 1 StPO nur durch den Richter und bei Gefahr in Verzug auch durch die Staatsanwaltschaft getroffen werden, wobei hier eine richterliche Bestätigung binnen drei Tragen notwendig ist.

4.2.1.2 Einsatz technischer Mittel

Der Einsatz technischer Mittel i.S.d. § 100c, Abs. 1, Nr. StPO bezieht sich auf das Anfertigen von Bildaufnahmen sowie sonstige technische Mittel, wie beispielsweise Bewegungsmelder oder Peilsender[272]. Das Anfertigen von Bildaufnahmen ist hinsichtlich der verfolgten Straftaten an keine besonderen Voraussetzungen geknüpft. Einschränkungen ergeben sich insoweit nur aus dem Verhältnismäßigkeitsgrundsatz[273]. Der Einsatz sonstiger technischer Mittel ist nur zulässig, wenn es sich um eine Straftat von erheblicher Bedeutung handelt. Diese nicht näher bestimmte Vor-

267 *Jahn M.* SpuRt 2005, S. 141, 144.

268 Der Gesetzgeber hat hiermit dem Verhältnismäßigkeitsgrundsatz Rechnung getragen und die Überwachung der Telekommunikation auf die abschließend aufgeführten Katalogtaten beschränkt. Vgl. *Pfeiffer G.* StPO, § 100a, Rdn. 5; KaKomm-Nack, § 100a, Rdn. 21.

269 Zu Vorbereitungstaten vgl. Lackner K, Kühl K vor § 22, Rdn. 3.

270 Meyer-Großner L.§ 100a, Rdn. 6; Kinzig StV 2004, S. 560, 563.

271 KaKomm-Nack, § 100, Rdn. 23; HdKomm-Lemke, § 100a, Rdn. 11.

272 *Hilger H.* NStZ 1992, S. 457, 461.

273 KaKomm-Nack, § 100c, Rdn. 35; HdKomm-Lmeke § 100c, Rdn. 7.

aussetzung ist dahingehend auszulegen, dass der Einsatz dieser Mittel nur dann in Frage kommt, wenn es sich mindestens um Straftaten mittlerer Kriminalität handelt[274]. Grundsätzlich möglich ist der Einsatz damit auch bei Verstößen gegen das Arzneimittelgesetz sowie die beim Doping in Frage kommenden Straftaten des Strafgesetzbuches, wie Körperverletzungsdelikte und fahrlässige Tötung.

Für das nichtöffentlich gesprochene Wort gelten demgegenüber gem. § 100c, Abs. 1, Nr. 2, 3 StPO besondere Voraussetzungen. Das nicht öffentlich gesprochene Wort außerhalb von Wohnungen knüpft an die gleichen Voraussetzungen wie § 100a StPO an. Es müssen die im dortigen Straftatenkatalog enthaltenen Straftaten vorliegen. Bezogen auf das Doping ist dies nur bei Wirkstoffen denkbar, die dem BtMG unterliegen.

Das nichtöffentlich gesprochene Wort innerhalb von Wohnungen steht darüber hinaus unter dem Schutzbereich des Art. 13 GG[275]. Hierzu zählen alle Räume, die der Berechtigte der allgemeinen Zugänglichkeit entzogen hat und zur Stätte seines Lebens und Wirkens gemacht hat[276]. Bezogen auf das Doping ist dies gem. § 100c, Abs. 1, Nr. 3 StPO nur dann der Fall, wenn ein besonders schwerer Fall i.S.d. § 29, Abs. 3, S. 2 Nr. 1 BtMG vorliegt oder wenn der Täter die Voraussetzungen der §§ 29a, 30, Abs. 1 Nr. 1, 2, 4, 30a oder 30b BtMG erfüllt.

Der Eingriff ist nach allen genannten Tatbestandsalternativen nur zur Erforschung des Sachverhalts oder zur Ermittlung des Aufenthaltsortes des Täters zulässig[277]. Beachtet werden muss weiterhin der in § 100c, Abs. 1 StPO normierte Subsidiaritätsgrundsatz. Die Anordnung darf sich zudem nur gegen bestimmte Personen richten. Dies sind der Beschuldigte und unter strengen Voraussetzungen auch gegen Nichtbeschuldigte, wobei hier für die Fälle des § 100c, Abs.1, Nr. 1-3 StPO zunehmend strengere Voraussetzungen gelten, § 100c, Abs. 2 StPO.

Maßnahmen nach § 100c, Abs. 1, Nr. 1 StPO werden durch die Staatsanwaltschaft oder deren Hilfsbeamten i.S.d. § 152 GVG angeordnet[278]. Die Anordnung von Maßnahmen nach § 100c, Abs. 1, Nr. 2 StPO dürfen gem. § 100d, Abs. 1 StPO nur durch den Richter und bei Gefahr in Verzug auch durch die Staatsanwaltschaft oder deren Hilfsbeamte angeordnet werden. Maßnahmen nach § 100c, Abs. 1, Nr. 3 StPO sind gem. § 100d, Abs. 2 StPO nur durch eine Anordnung der Staatsschutzkammer des Landgerichts bzw. bei Gefahr in Verzug durch dessen Vorsitzenden möglich.

4.2.1.3 Einsatz Verdeckter Ermittler

Der Einsatz von Verdeckten Ermittlern ist gem. § 110a, Abs. 1, Nr. 1 StPO bei Verstößen gegen das BtMG grundsätzlich möglich. Darüber hinaus ist ein Einsatz auch bei Verstößen gegen das Arzneimittelgesetz und die Normen des allgemeinen Straf-

274 *Meyer-Großner L.* § 100c, Rdn. 3.
275 BVerfGE 32, S. 54, 70ff.; BGHSt 42, S. 372, 374 f.
276 GGKomm-Kunig, Art. 13, § 10 ff.
277 KaKomm-Nack, § 100c, Rdn. 46.
278 KaKomm-Nack, § 100d, Rdn. 2.

rechts möglich, sofern der Täter bei Begehung der Straftat gewerbs- oder gewohnheitsmäßig handelt (§ 110a, Abs. 1, Nr. 3 StPO) oder die Tat von einem Bandenmitglied oder in anderer Weise organisiert begangen worden ist (§ 110a, Abs. 1, Nr. 4 StPO). Es muss sich jedoch bei der Straftat um eine Tat von erheblicher Bedeutung handeln. Ob dieses schwer zu bestimmende Merkmal erfüllt ist, lässt sich in der Praxis häufig erst im Laufe der Ermittlungen bestimmen[279]. Die Straftat muss jedenfalls mindestens dem mittleren Kriminalitätsbereich zuzuordnen sein[280]. Der Einsatz von verdeckten Ermittlern ist darüber hinaus auch dann möglich, wenn die Gefahr der Wiederholung der Tat besteht.

Beachtet werden muss weiterhin der in § 110a, Abs. 1 StPO normierte Subsidiaritätsgrundsatz. Der Einsatz ist nur dann zulässig, wenn die Aufklärung auf andere Weise aussichtslos oder wesentlich erschwert wäre[281]. Gem. § 110, Abs. 2 StPO ist der Personenkreis der verdeckten Ermittler auf Polizeibeamte beschränkt, die nicht nur gelegentlich und ohne Legende verdeckt auftreten[282].

Der Einsatz eines verdeckten Ermittlers bedarf gem. § 110b, Abs. 1, S. 1 StPO der Zustimmung der Staatsanwaltschaft. Bei Gefahr in Verzug kann die Entscheidung über den Einsatz auch durch die Hilfsbeamten der Staatsanwaltschaft getroffen werden, wobei hier eine staatsanwaltschaftliche Bestätigung binnen drei Tragen notwendig ist. Bei Einsätzen gegen einen bestimmten Beschuldigten oder bei denen der verdeckte Ermittler eine Wohnung betritt, gilt der Richtervorbehalt. Ist Gefahr im Verzug, so kann der Einsatz auch durch die Staatsanwaltschaft oder durch deren Hilfsbeamten angeordnet werden, wobei auch hier eine richterliche Zustimmung binnen drei Tagen notwendig ist.

4.2.1.4 Durchsuchung

Durchsuchungen sind sowohl bei Verdächtigen (§ 102 StPO) als auch bei anderen Personen (§ 103 StPO) möglich, wobei der Verdächtige diese in weiterem Maße zu dulden hat als der Nichtverdächtige. Während der Verdächtige eine Durchsuchung seiner Räume schon dann zu dulden hat, wenn zu vermuten ist, dass die Durchsuchung zum Auffinden von Beweismitteln führt, haben andere Personen die Durchsuchung nur dann zu dulden, wenn tatsächliche Anhaltspunkte gegeben sind, dass sich die gesuchte Person oder Sache in den zu durchsuchenden Räumen befindet.

Allgemeine Voraussetzung einer Durchsuchung ist das Vorliegen zureichender tatsächlicher Anhaltspunkte, dass eine bestimmte Straftat begangen worden ist[283]. Eine straflose Vorbereitungshandlung ist nicht ausreichend. Eine Beschränkung auf

279 Vgl. Meyer-Großner, Strafprozessordnung, 2003, § 98a, Rdn. 5.

280 *Benfer J.* MDR 1994, S. 12; *Möhrenschlager M.* Wistra 1992, S. 326, 330 f.; *Jahn M.* SpuRt 2005, S. 141, 144f.; BGHSt 32, S. 115, 122.

281 KaKomm-Nack, § 110a, Rdn. 22.

282 BGHSt 41, S. 64; BGH NStZ 1996, S. 450; Schmidt V. Kriminalistik 2000, 162 ff.

283 BVerfG NJW 1991, S. 690, 691; BVerfG StV 1994, S. 353, 355 ff; LG Zweibrücken NJW 1990, S. 2760.

bestimmte Straftaten wird nicht gemacht, so dass sowohl bei Anhaltspunkten für das Vorliegen von Straftaten gegen das BtMG, als auch bei Straftaten gegen das AMG oder StGB Durchsuchungen möglich sind.

Durchsuchungsgegenstände können sowohl Wohnungen und Räume, als auch Personen und Sachen sein. Durchsuchungszweck sind das Ergreifen des Verdächtigen und das Auffinden von Beweismitteln[284]. Bei Durchsuchungen ist insbesondere der Verhältnismäßigkeitsgrundsatz zu berücksichtigen, d.h. die Durchsuchung muss in einem angemessenen Verhältnis zur Schwere der Straftat stehen[285]. Einschränkungen gelten darüber hinaus für Durchsuchungen zur Nachtzeit, § 104 StPO.

Angeordnet werden Durchsuchungen beim Verdächtigen durch den Richter, bei Gefahr im Verzug auch durch die Staatsanwaltschaft oder deren Hilfsbeamten, § 105, Abs. 1, S. 1 StPO. Dies gilt im Grundsatz auch für Nichtverdächtige. Allerdings kann hier die Anordnung durch die Hilfsbeamten der Staatsanwaltschaft selbst bei Gefahr im Verzug nicht erfolgen, § 105, Abs. 1, S. 2 StPO.

Dem Inhaber der zu durchsuchenden Räume steht grundsätzlich ein Anwesenheitsrecht zu. Hierbei handelt es sich jedoch um eine reine Ordnungsvorschrift, deren Verletzung keine Rechtsfolgen auf die Durchsuchung hat[286]. Beweismittel, die sich bei der Durchsuchung finden, werden sichergestellt und bei nicht freiwilliger Herausgabe in Beschlag genommen, § 94, Abs. 1 und 2 StPO. Zu beachten sind hierbei jedoch insbesondere in Bezug auf die Beschlagnahme ärztlicher Unterlagen die Einschränkungen des § 97 StPO. Danach können ärztliche Untersuchungsbefunde, die dem Zeugnisverweigerungsrecht des Arztes gem. § 53, Abs. 1, S. 1 Nr. 1 bis 3b StPO unterliegen, nicht beschlagnahmt werden. Das Anordnungsrecht zur Beschlagnahme entspricht dem der Durchsuchung selbst.

Zufallsbefunde, die bei einer Durchsuchung gemacht werden, in keiner Beziehung zur verfolgten Straftat stehen, jedoch auf eine andere Straftat hindeuten, können vorübergehend beschlagnahmt werden, § 108, Abs. 1, S. 1 StPO. Die Staatsanwaltschaft ist jedoch hiervon in Kenntnis zu setzen. Dies ist in Bezug auf Dopingsubstanzen, die dem Arzneimittelgesetz unterliegen, beispielsweise dann denkbar, wenn im Rahmen der Durchsuchung gleichzeitig illegale Drogen gefunden werden oder die in Frage stehenden Dopingsubstanzen gleichzeitig auch als illegale Drogen zu qualifizieren sind.

4.2.1.5 Zusammenfassung

Die Überwachung des Fernmeldeverkehrs ist in Bezug auf Dopingsubstanzen nur möglich, soweit es sich bei den in Frage kommenden Wirkstoffen um solche handelt, die gleichzeitig unter das BtMG fallen. Zudem sind weitere qualifizierende Merkmale notwendig.

284 Vgl. etwa den Fall Springstein, FAZ vom 30.09.2004, S. 31.
285 BVerfGE 20, S. 162, 186 f.; BVerfGE 42, S. 212, 219 f.; BVerfGE 59, S. 95, 97.
286 *Nelles U.* StV 1991, S. 488 ff.

Der Einsatz technischer Mittel ist dagegen bei Verstößen gegen das AMG, das BtMG und das allgemeine Strafrecht möglich. Voraussetzung ist allerdings, dass es sich hierbei um Straftaten von erheblicher Bedeutung handelt. In Bezug auf das nicht öffentlich gesprochene Wort ist der Einsatz technischer Mittel nur bei Wirkstoffen, die unter das BtMG fallen möglich.

Der Einsatz verdeckter Ermittler ist nicht auf Straftaten nach dem BtMG beschränkt, so dass auch Verstöße gegen das AMG und StGB deren Einsatz möglich erscheinen lassen. Jedoch müssen weitere qualifizierende Merkmale vorliegen.

Durchsuchungen bei verdächtigen Personen sind im Gegensatz zu Durchsuchungen bei anderen Personen in weiterem Umfang möglich. Während beim Verdächtigen die Vermutung für das Auffinden von Beweismitteln ausreicht, sind bei Nichtverdächtigen tatsächliche Anhaltspunkte notwendig, dass sich der Verdächtige oder die Beweismittel beim Nichtverdächtigen bzw. in dessen Wohnung befinden. Es bestehen darüber hinaus keine Beschränkungen auf Straftaten nach dem BtMG.

4.2.2 Präventive Maßnahmen

Aus präventiver Sicht können die dargestellten Dopendenprofile insoweit genutzt werden, Fitness-Studios zu analysieren, um auf einfache Weise objektiv die Prävalenz dopender Mitglieder abzuschätzen. Aus sozioökonomischen und volkswirtschaftlichen Gründen würde es Sinn machen, präventive Anti-Doping Maßnahmen auf die Fitness-Studios zu konzentrieren, in denen sich eine hohe Dopingprävalenz ergibt[287]. Zeigt sich hier eine Kooperationsbereitschaft, so können in einem zweiten Schritt Anti-Doping Maßnahmen auch auf eine größere Anzahl an Fitness-Studios mit niedrigerer Dopingprävalenz ausgedehnt werden.

Neben der Möglichkeit, mit Hilfe der dargestellten Dopendenprofile die Wahrscheinlichkeit des Dopingkonsums in Fitness-Studios abzuschätzen, lässt sich unter Anwendung dieser Profile auch die individuelle Dopingprävalenz von Einzelpersonen abschätzen. Es besteht insoweit die Möglichkeit, in Fitness-Studios gezielt auf besonders gefährdete Personen einzugehen und auf diese Weise die Effektivität präventiver Maßnahmen erhöhen.

Hinsichtlich der durchzuführenden Anti-Doping Maßnahmen sind neben dem Dopendenprofil insbesondere auch die Informations- und Bezugsquellen hinsichtlich Dopingsubstanzen zu berücksichtigen. Ein nicht unerheblicher Teil der befragten Sportlerinnen und Sportler, die den Konsum von Dopingsubstanzen bejaht haben, gaben an, die Einnahme dieser Wirkstoffe ärztlich kontrollieren zu lassen. Darüber hinaus beziehen nahezu ein Drittel der befragten Fitness-Studio-Mitglieder leistungssteigernde Substanzen zumindest auch aus dem Gesundheitswesen[288]. Insoweit scheint das Gesundheitswesen einen nicht unerheblichen Beitrag für das Doping im Fitness-Sport zu leisten. Dieser Einfluss lässt sich aus präventiver Sicht möglicher-

287 *Simon P, Striegel H, Aust F, Dietz K, Ulrich R.* Addiction 2006 (101), S. 1640, 1643 f.
288 Vgl. hierzu Kapitel 3.3.5.

weise dahingehend nutzen, dass Vertreter des Gesundheitswesens – im wesentlichen Ärzte und Apotheker – gezielt bei der Durchführung von Anti-Doping Projekten eingesetzt werden[289].

Neben Ärzten und Apothekern scheinen auf Seiten des Schwarzmarktes weniger die Betreiber der Fitness-Studios und deren Trainer als vielmehr andere Fitness-Studio-Mitglieder und der externe, außerhalb der Studios liegende Schwarzmarkt eine entscheidende Rolle als Bezugsquelle von Dopingsubstanzen zu spielen. Inwieweit dieser Bereich präventiven Anti-Doping Maßnahmen zugänglich ist, erscheint fraglich, zumal hier wirtschaftliche Interessen eine wesentliche Rolle spielen und daher zu vermuten ist, dass die Bereitschaft zur Reduzierung bzw. Aufgabe des Handels mit Dopingsubstanzen eher gering sein dürfte. Hier könnten repressive Anti-Doping Maßnahmen möglicherweise mehr Wirkung zeigen.

4.3 Soziale Kontrolle

Die derzeit durchgeführten Anti-Doping Maßnahmen im Freizeit- und Fitness-Sport sind weder in präventiver, noch in repressiver Hinsicht ausreichend, Doping wirksam zu begrenzen[290]. Aufgrund der volkswirtschaftlichen Bedeutung für die Allgemeinheit, aber auch der immensen gesundheitlichen Gefahren durch die Einnahme von Dopingsubstanzen für den Einzelnen ist eine Intensivierung der Anti-Doping Maßnahmen dringend notwendig[291].

Ausgehend von der Hypothese, dass Maßnahmen der sozialen Kontrolle ein von den Normen der Gesellschaft abweichendes Verhalten tatsächlich einschränken oder verhindern können, soll anhand der im Methodenteil dargestellten Kontrolltheorien geprüft werden, welche Ansätze in Bezug auf Doping im Fitness-Sport konkret Anwendung finden können.

4.3.1 Kontrolltheoretische Ansätze in Bezug auf das Doping im Fitness-Sport

Abweichendes Verhalten ist abhängig von den jeweiligen Umweltbedingungen und den Werten in der Gesellschaft[292]. Diese unterliegen wiederum einem zeitlichen Wandel. Geht man mit Hirschi von den von ihm postulierten vier Bindungselementen „Attachment“, „Commitment“, „Involvement“ und „Belief“ aus, so sprechen die Ergebnisse der in Kapitel 3. dargestellten Ergebnisse zum Doping im Fitness-Sport dafür, dass jedenfalls die institutionelle Bindung an die Gesellschaft einen gewissen Einfluss auf die Wahrscheinlichkeit des Konsums von Dopingsubstanzen zeigt.

289 *Striegel H, Simon P, Frisch S, Roecker K, Dietz K, Dickhuth HH, Ulrich R.* Drug Alc Depend 2006 (81), S. 11, 17 f.

290 *Ludwig U.* Der Spiegel 2/2007, S. 186, 187.

291 *Striegel H, Simon P.* Internist 2007 (48), S. 737, 741.

292 *Hirschi T*, S. 17 ff.

Hirschi postuliert, dass Menschen mit einem hohen sozialen Status nicht bereit seien, für ein geringes Delikt ihren hohen sozialen Status zu verlieren[293]. Dies ist mit den vorliegenden Ergebnissen insoweit in Einklang zu bringen als die Wahrscheinlichkeit der Einnahme von Dopingsubstanzen eine statistisch signifikante Abhängigkeit von der Schulbildung, d.h. des Vorliegens des Merkmals Abitur „Ja“ oder „Nein“ zeigte. Wurden insoweit intellektuelle Fähigkeiten bei dopenden Fitness-Sportlern in geringerem Maße geprägt und damit auch Faktoren, wie Selbstsicherheit und Leistungsmotivation im sonstigen Leben weniger ausgebildet, so könnte gerade dies zu einer erhöhten Wahrscheinlichkeit der Einnahme von Dopingsubstanzen dieser Personen führen. Dopende Sportler könnten sich insoweit in höherem Maße über ein verbessertes Aussehen definieren, was wiederum Selbstsicherheit und Leistungsmotivation verspricht[294]. Zudem ist zu bedenken, dass gerade der Konsum anaboler Steroide mit einer Antriebssteigerung verbunden sein kann, dagegen das Absetzen anaboler Steroide zu depressiven Stimmungslagen führt[295]. Dies wiederum kann den Konsum derartiger Substanzen zusätzlich unterhalten.

Überdies besteht für dopende Fitness-Sportler ein statistisch hochsignifikanter Zusammenhang zum Konsum der sog. „harten“ Droge Kokain, was in gleicher Weise einen Anhaltspunkt für eine geringere institutionelle Bindung an die Gesellschaft der dopenden gegenüber nicht dopenden Fitness-Sportlern ergibt.

Geht man weiter davon aus, dass Personen mit höherer Schulbildung beruflich und sozial mehr in konventionelle Aktivitäten eingebunden sind, so könnte auch dieser Punkt dafür sprechen, dass Personen mit höherer Schulbildung eine geringere Wahrscheinlichkeit für die Einnahme von Dopingsubstanzen aufweisen. Der weitere statistische Zusammenhang zwischen der Einnahme von Dopingsubstanzen und der Zahl an Trainingsjahren sowie der Trainingsfrequenz kann darüber hinaus dafür sprechen, dass diejenigen Sportler, die häufig und lange in einem Fitness-Studio trainieren, mit der Zeit eine gewisse emotionale Bindung insbesondere an die dort ebenfalls häufiger und länger trainierenden Mitsportler entwickeln. Dies kann zur Entstehung einer Subkultur dopender Fitness-Sportler beitragen.

Ob und in wie weit die Ausbildung der genannten vier Bindungselemente in der Kindheit und Jugend durch Eltern und Schule unvollständig erfolgt sind, lässt sich anhand der unter Kapitel 3. dargestellten Studienergebnisse nicht abschätzen. Insoweit wären weitere Forschungen notwendig.

Geht man mit Nye davon aus, dass normabweichendes Verhalten entweder durch hinzukommende negative Variablen, fehlende positive Variablen oder eine Kombination aus beiden entsteht, so könnte die mangelnde Umsetzung der im AMG enthaltenen Anti-Doping Regelungen einen Beitrag zur Begünstigung des Dopings im

293 *Hirschi T,* S. 23 ff.

294 Dies geht einher mit den Gründen für die Einnahme von Dopingsubstanzen, insbesondere der Verbesserung des Aussehens, vgl. hierzu Kapitel 3.3.5.

295 *Bahrke MS, Yesalios CE, Wright JE.* Sports Med 1996 (22), S. 367, 371 f.; *Midgley SJ, Heather N, Davies JB.* Med Sci Law 2001 (41), S. 309 ff.; *Thiblin I, Linquist O, Rajs J.* J Forensic Sci 2000 (45), S. 16; *Parssinen M, Seppala T.* Sports Med 2002 (32), S. 83, 84; *Gruber AJ, Pope HG Jr.* Psychother Psychsom 2000 (69), S. 19 ff.

Fitness-Sport führen. § 6a AMG ist mit der achten Änderung des Arzneimittelgesetzes 1998 in Kraft getreten, jedoch sind in den ersten vier Jahren nach Inkrafttreten nur 14 Ermittlungsverfahren gegen Ärzte und nur eine Verurteilung erfolgt[296]. Im Übrigen erfolgten Verfahren gegen Personen aus der Bodybuilding Szene, die überwiegend eingestellt wurden. Verantwortlich gemacht wird hierfür ein Vollzugsdefizit seitens der Staatsanwaltschaften. Die Gründe werden u.a. darin gesehen, dass es sich bei § 6a AMG um eine nebenstrafrechtliche Regelung handelt und eine klare Zuordnung innerhalb der Staatsanwaltschaften fehlt[297]. Insoweit könnte sich die Bildung von Schwerpunktstaatsanwaltschaften für derartige Delikte als sinnvoll erweisen. In Teilen wird dies durch den vom Bundestag verabschiedeten Entwurf eines Gesetzes zur Verbesserung der Bekämpfung des Dopings im Sport umgesetzt werden, wonach die Ermittlungsbefugnisse für die Strafverfolgung in Fällen des international organisierten ungesetzlichen Handels mit Arzneimitteln auf das Bundeskriminalamt übertragen werden[298].

Der theoretische Ansatz von Nye könnte in Bezug auf Doping im Fitness-Sport auch insofern richtungsweisend sein, als dieser davon ausgeht, dass normabweichendes Verhalten durch fehlende zwischenmenschliche Interaktionen und Aufklärung verstärkt werden kann[299]. Hierin liegt meines Erachtens einerseits ein hohes präventives Potential, aber andererseits auch eine nicht zu unterschätzende Gefahr des Dopings. Geht man nämlich davon aus, dass dopende Fitness-Sportler körperbewusste Menschen darstellen, die sich stark über das Aussehen definieren, so könnten gerade diese Personen vermehrt zwischenmenschliche Kontakte zu anderen dopenden Fitness-Sportlern suchen, was wiederum das Entstehen einer eigenen Subkultur fördert und eine Prävention durch Aufklärung erschwert.

Für die Theorie von Reiss, die die Eigenkontrolle einer Person als maßgeblich für deren normkonformes oder normabweichendes Verhalten ansieht und davon ausgeht, dass die Eigenkontrolle entscheidend auf die Lernerfahrung einer Person zurückzuführen ist, könnte sprechen, dass die internalisierte Werteordnung dopender Fitness-Sportler in Bezug auf Doping wesentlich auf die Lernerfahrungen innerhalb des Sports zurückzuführen sind[300]. Hierfür könnte insbesondere sprechen, dass die Wahrscheinlichkeit der Einnahme von Dopingsubstanzen mit der Anzahl der Trainingsjahre und der Trainingsfrequenz zunimmt. Damit nimmt die Zeit, die der einzelne Sportler im Fitness-Studio verbringt, zu mit der Folge, dass möglicherweise die sozialen Kontakte außerhalb des Fitness-Sports abnehmen und auf der anderen Seite Kontakte innerhalb des Sports zunehmen.

In gleicher Weise geht die von Reckless entwickelte Halttheorie davon aus, dass für das Selbstkonzept einer Person die Erfahrungen und Erlebnisse im Laufe des

296 Vgl. hierzu *Dury W.* SpuRt 2005, S. 137, 139.

297 Zur Forderung nach Schwerpunktstaatsanwaltschaften vgl. *Jahn M.* SpuRt 2005, S. 141, 145. ReSpoDo 2005, S. 38.

298 Vgl. hierzu BT-Drs. 16/5526, S. 1 mit der geplanten Änderung von § 4, Abs. 1, S. 1, Nr. 1 BKAG.

299 *Nye FI,* S. 5 ff.

300 *Reiss AJ.* American Sociological Review 1951 (21), S. 196, 197 ff.

Lebens, insbesondere die Einbindung in soziale Gruppen eine wichtige Rolle spielen[301]. Insoweit lässt sich argumentieren, dass durch die zunehmende Zeit, die ein Sportler im Fitness-Studio verbringt, seine Kontakte und Verbindungen innerhalb des Fitness-Studios zunehmen und damit die Normen und Regeln innerhalb dieser Gruppe Einfluss auf sein normkonformes oder normabweichendes Verhalten nehmen. Dies entspricht auch der Theorie von Friday und Hasley, die der Zeit und Aktivität, die in Gruppen verbracht wird, eine wesentliche Rolle zuschreiben[302]. Dies gilt insbesondere für den Grad der Integration einer Person in eine Gruppe.

4.3.2 Zusammenfassung

Zusammenfassend lässt sich festhalten, dass die in Kapitel 2.1.2.3 dargestellten Kontrolltheorien durchaus theoretische Konzepte darstellen, die für zukünftige Anti-Doping Maßnahmen eine wichtige Rolle spielen können. Die Ergebnisse der dargestellten Studien zum Doping im Fitness-Sport decken sich in wesentlichen Punkten mit den theoretischen Ansätzen der Kontrolltheorien. Allerdings lässt sich keine der dargestellten Theorien nach der hier vertretenen Ansicht uneingeschränkt auf den Bereich des Dopings im Fitness-Studio anwenden. Dies liegt insbesondere an der unterschiedlichen Datenbasis, auf der die Kontrolltheorien aufbauen. Zum einen sind die Kontrolltheorien auf der Basis von Untersuchungen an Jugendlichen entwickelt worden. Zum anderen handelt es sich hierbei um Untersuchungen im Ausland, vornehmlich in den Vereinigten Staaten, die im Vergleich zu Deutschland ein anderes soziales Gefüge aufweisen.

Darüber hinaus wird auch deutlich, dass ein unifaktorieller Ansatz – ausschließlich repressive oder präventive Anti-Doping Maßnahmen – einen eher weniger Erfolg versprechenden Weg darstellen wird. Erfolgversprechender stellt sich dagegen ein multifaktorieller Ansatz mit sowohl repressiven als auch präventiven Inhalten dar.

Insoweit könnte ein auf der Basis der von Hirschi entwickelten Theorie der Selbstkontrolle[303] modifizierter Ansatz zur Anwendung kommen. Soziale Kontrolle kann einerseits durch interne Verhaltenskontrolle, d.h. Internalisierung von Normen und andererseits durch externe Verhaltenskontrolle erreicht werden[304]. Die Internalisierung von Normen kann dabei nicht nur durch das private Umfeld des Sportlers, wie beispielsweise Freunde erfolgen, sondern insbesondere durch das sportassoziierte Umfeld des Athleten sowie Ärzte und Apotheker. Die externe Verhaltenskontrolle wird dagegen wesentlich durch gesetzliche Regelungen und deren Umsetzung durch die Strafverfolgungsorgane zu erreichen sein.

301 *Reckless WC.* Monatsschrift für Kriminologie und Strafrechtsnorm 1961, S. 4 ff.
302 *Friday PC, Hasley J.* In Friday PC, Stewart VL, S. 142 ff.
303 Vgl. hierzu *Hirschi T, Gottfredson MR*, S. 85 ff.
304 *Kaiser G, Schöch H*, S. 255.

4.4 Verbesserung der Anti-Doping Maßnahmen

Als Maßnahmen sozialer Kontrolle besteht zum einen die Möglichkeit der Verschärfung rechtlicher Kontrollmechanismen in Bezug auf das Doping. Diese darf sich nicht auf die Schaffung neuer gesetzlicher Regelungen beschränken[305], sondern muss vielmehr auch deren gezielte Umsetzung mit einbeziehen. Die Erfahrungen seit Einführung des § 6a in das Arzneimittelgesetz haben gezeigt, dass es gerade nicht ausreicht, eine gesetzliche Regelung zu schaffen, ohne die Umsetzung dieser Regelung durch die Strafverfolgungsbehörden exakt zu definieren[306].

Auf der anderen Seite werden repressive Maßnahmen allein nicht den gewünschten Erfolg bringen können. Die Erkenntnisse im Bereich illegaler Drogen zeigen, dass präventive Ansätze im Sinne einer verstärkten Aufklärung einen nicht unerheblichen Einfluss auf das Konsumverhalten der betroffenen Personen(kreise) haben können[307]. Dies gilt für Dopingkonsumenten im Vergleich zu Personen, die illegale Drogen gebrauchen, umso mehr, da es sich bei ersterer Gruppe um gesundheitsbewußte, sozial nicht ausgegrenzte, körperorientierte Personen handelt, die keinen generellen Substanzabusus aufweisen, sondern vielmehr spezifisch ausgewählte Wirkstoffe gebrauchen[308].

Im Folgenden sollen soziale Kontrollmechanismen, die in repressiver und präventiver Hinsicht über die bisher bestehenden Ansätze zur Bekämpfung des Dopings im Fitness-Sport hinausgehen, dargestellt werden. Darüber hinaus soll eine Bewertung hinsichtlich der Umsetzbarkeit und des tatsächlichen Einflusses auf die Dopingproblematik vorgenommen werden.

4.4.1 Verschärfung strafgesetzlicher Regelungen

In der jüngeren Vergangenheit wurde in der wissenschaftlichen Literatur vermehrt darüber diskutiert, ob und wenn ja welche Änderungen der gesetzlichen Rahmenbedingungen ein stringenteres Vorgehen im Kampf gegen Doping darstellen könnten[309].

Dabei kann für den Bereich des Freizeit- und Fitness-Sport die Diskussion um die Einführung der Straftatbestände „Sportbetrug“ (§ 298a StGB – Wettbewerbfälschungen im Sport) sowie Bestechlichkeit und Bestechung im sportlichen Wettkampf (§ 299a StGB) außen vor bleiben[310]. Derartige Delikte, welche zur Schlie-

305 Vgl. hierzu den vom Bundestag verabschiedeten Entwurf eines Gesetzes zur Verbesserung der Bekämpfung des Dopings im Sport. BT-Drs. 16/5526.

306 Zur Forderung nach Schwerpunktstaatsanwaltschaften vgl. *Jahn M.* SpuRt 2005, S. 141, 145. ReSpoDo 2005, S 38.

307 Vgl. hierzu den Jahresbericht 2001 über den Stand der Drogenproblematik in der EU, S 31,f.

308 Vgl. hierzu Kapitel 3.3.

309 Zur Abschreckungswirkung schärfender Strafen vgl. *Endriß R, Kinzig J.* NJW 2001 (54), S. 3217, 3219.

310 *Rössner, D.* Causa Sport 2005, S. 391 ff.

ßung von Strafbarkeitslücken im Bereich des § 263 StGB und damit dem Schutz der Konkurrenten, Sponsoren etc. gedacht sind, beziehen sich aufgrund des Tatbestandsmerkmals „sportlicher Wettkampf“ ausschließlich auf den Bereich des Wettkampf- und Leistungssports und nicht auf die Ausübung des Freizeit- und Fitness-Sports außerhalb von Wettkämpfen.

4.4.1.1 Verschärfung des Arzneimittelgesetzes

Die bisherigen Regelungen des Arzneimittelgesetzes scheinen nicht auszureichen, um eine wirksame Kontrolle des Umgangs mit Dopingsubstanzen zu gewährleisten. § 6a AMG enthält zwar ein Verbot, Arzneimittel zu Dopingzwecken im Sport in den Verkehr zu bringen, zu verschreiben oder bei anderen anzuwenden, allerdings zeigte dieses Verbot bisher in der Praxis kaum Wirkung[311]. Insoweit bieten sich eine erweiterte arzneimittelrechtliche Kontrolle des Umgangs mit Dopingsubstanzen an.

In Frage kommen könnte die Aufhebung der Warenverkehrsfreiheit für Arzneimittel, die gleichzeitig als Dopingsubstanzen einzustufen sind. Hierzu wäre eine Änderung von § 73, Abs. 2, Nr. 6 und 6a AMG notwendig[312]. Diese Gesetzesänderung kann in der Praxis in gleicher Weise wie die Einführung von § 6a in das AMG nur dann Wirkung zeigen, wenn diese mit einer konsequenten Umsetzung seitens der Strafverfolgungsbehörden verbunden ist. Die Überwachung der Beschränkung der Warenverkehrsfreiheit für Dopingsubstanzen würde den Zollbehörden obliegen. In diesem Zusammenhang wäre es sinnvoll, gleichzeitig Dopingsubstanzen in gleicher Weise wie Betäubungsmittel vom Versandhandel auszunehmen. Hierzu wäre eine Ergänzung von § 17a, Abs. 4 Apothekenbetriebsordnung notwendig[313].

Aufgrund der Ergebnisse der dargestellten Untersuchung zum Doping im Fitness-Sport scheint der Versandhandel mit Dopingsubstanzen, insbesondere der Internethandel für den deutschen Markt eine eher untergeordnete Rolle zu spielen. Lediglich 23,5 % der befragten Sportler, die die Einnahme von Dopingsubstanzen bejahten, gaben an, diese über das Internet zu bestellen, wenngleich aufgrund der Art der Fragestellung in der in Kapitel 3 dargestellten Untersuchung keine sichere Aussage zur Wirksamkeit der gesetzlichen Beschränkung des Warenverkehrs mit Dopingsubstanzen getroffen werden kann.

Wirksamer könnte sich insoweit eine Beschränkung der auf dem deutschen Markt in Apotheken erhältlichen Arzneimittel, die gleichzeitig Dopingsubstanzen darstellen, erweisen. Vergleicht man die in der Roten Liste erhältliche Anzahl an Medikamenten aus der Gruppe der anabolen Steroide in den Jahren 1990 und 2006, so kann festgestellt werden, dass sich die Zahl der Wirkstoffe von 9 auf 2 verringert hat[314]. Gleichzeitig hat sich die absolute Zahl der erhältlichen Medikamente von 17 auf 12

311 *Dury W.* SpuRt 2005, S. 137, 139.
312 ReSpoDo 2005, S. 26.
313 ReSpoDo 2005, S 27.
314 BPI, Rotel Liste 1990; BPI, Rote Liste 2006.

verringert[315]. Da ein nicht unerheblicher Teil der von Fitness-Sportlern gebrauchten Dopingsubstanzen von Ärzten verschrieben sowie in Apotheken mit und ohne Rezept verkauft wird, scheint eine derartige Begrenzung der erhältlichen Wirkstoffe geeignet, den Umsatz von Dopingsubstanzen zu begrenzen.

4.4.1.2 Umsetzung arzneimittelrechtlicher Regelungen

Die Strafverfolgungsbehörden benötigen, um tätig werden zu können die Anzeige eines überwachungspflichtigen Sachverhalts – Regelüberwachung gem. § 64ff. AMG – oder tatsächliche Anhaltspunkte für das Vorliegen eines überwachungspflichtigen Sachverhalts. Unabhängig hiervon ist eine Kontrolle lediglich als allgemeine polizeirechtliche Maßnahme bei Vorliegen einer Gefahr oder eines Störers möglich[316].

Um die Verfolgung des Dopings im Fitness-Sport effektiver zu gestalten, könnten beispielsweise Fitness-Studios explizit der Regelüberwachung des § 64 AMG unterworfen werden. Nach der bisherigen Regelung sind lediglich Einrichtungen, in denen Arzneimittel gelagert oder in denen mit ihnen Handel betrieben wird, der Regelüberwachung des § 64 AMG unterworfen. Dies trifft für Fitness-Studios nicht zu. Die Ergebnisse der dargestellten Studie deuten zudem darauf hin, dass die Betreiber und Trainer der Fitness-Studios für den Handel mit Dopingsubstanzen eine eher untergeordnete Rolle spielen[317]. Trotzdem könnte eine Erweiterung der Regelüberwachung auf Fitness-Studios Sinn machen, da insoweit dem Vollzugsdefizit, das beispielsweise hinsichtlich der Umsetzung des § 6a AMG besteht, entgegengewirkt werden könnte. Dies würde bedeuten, dass die weitergehenden Befugnisse der Regelüberwachung, wie Betreten von Räumen und Sicherstellung von Beweismitteln klarer definiert wären.

4.4.1.3 Erweiterung der Strafbarkeit auf den Besitz bestimmter Dopingsubstanzen

Der Besitz von Dopingsubstanzen ist nach den Regelungen des AMG derzeit (noch) nicht unter Strafe gestellt. Im Gegensatz hierzu ist in anderen Staaten, wie Großbritannien, Schweden, Italien oder auch den Vereinigten Staaten, schon der Eigenkonsum oder der Besitz bestimmter Dopingsubstanzen, insbesondere der Gruppe der anabolen Steroide strafbar[318]. In Australien fallen Dopingsubstanzen teilweise unter das dortige Betäubungsmittelgesetz[319].

In den letzten Jahren wurde zunehmend darüber diskutiert, den Besitz anaboler Steroide als die im Freizeit- und Fitness-Sport am häufigsten gebrauchte Dopingsub-

315 BPI, Rptel Liste 1990; BPI, Rote Liste 2006
316 Zur Definition der Gefahr und des Störers im polizeirechtlichen Sinn vgl. *Belz R, Mussmann E.* § 1, Rdn. 40 ff; *Belz R, Mussmann E.* § 6, Rdn. 4.
317 Vgl. hierzu Kapitel 3.3.5.
318 *Jörger W.* S. 187 ff.
319 *Jörger W.* S. 182.

stanzgruppe unter Strafe zu stellen[320]. Dabei wurde auch die Ansicht vertreten, die Gruppe der anabolen Steroide in das BtMG aufzunehmen. Alternativ würde eine Änderung des AMG in Frage kommen.

Voraussetzung für die Aufnahme anaboler Steroide in das BtMG wäre, dass diese Substanzgruppe ein den Rauschmitteln Kokain, Cannabinoiden und Heroin vergleichbares Suchtpotential besitzt. Dabei ist zu berücksichtigen, dass sich das Suchtpotential von Haschisch und Marihuana einerseits und Heroin andererseits wesentlich unterscheidet. Während erstere Substanzgruppe vor allem eine psychische Abhängigkeit bewirkt, kann es bei letzteren zu einer ausgeprägten psychischen und physischen Abhängigkeit kommen[321]. Aufgrund der in der medizinischen Literatur wiederholt beschriebenen Induzierung manischer Zustände unter Einnahme anaboler Steroide bei gleichzeitig möglichem Auftreten von Depressionen nach Absetzen dieser Wirkstoffe kann jedenfalls von einem den Cannabinoiden vergleichbaren Suchtpotential ausgegangen werden[322].

Die Aufnahme anaboler Steroide in das BtMG hätte den Vorteil, dass hinsichtlich der Strafverfolgung innerhalb der Staatsanwaltschaften eine klare Zuordnung zu den Sonderermittlungsgruppen für BtM-Delikte bestehen würde.

Andererseits ist zu bedenken, dass der Besitz geringer Betäubungsmittelmengen mit Suchtpotential nach der Rechtsprechung des BVerfG straffrei ist. Infolge dessen muss davon ausgegangen werden, dass in staatsanwaltlichen Ermittlungsverfahren wegen des Besitzes kleinerer Mengen anaboler Steroide häufig eine Einstellung des Verfahrens erfolgen würde.

Letztlich muss davon ausgegangen werden, dass die Pönalisierung des Besitzes anaboler Steroide durch Aufnahme in das BtMG in der Praxis aus strafprozessualen Gründen keinen zusätzlichen Gewinn bringen würde. Das Auffinden geringer Mengen anaboler Steroide würde meist nicht zu einer Bestrafung des Täters führen. Bei größeren Mengen dieser Substanzgruppe ist die Strafbarkeit nach dem AMG ausreichend, da Wirkstoffmengen, die über die Menge des Eigenbedarfs hinausgehen, bereits das Handeltreiben oder die Verabreichung bei anderen indizieren und damit § 6a AMG unterliegen können.

Die vorgenannte Argumentation gilt jedoch nur für den Bereich des Dopings im Freizeit- und Fitness-Sport. Im Gegensatz hierzu stellt sich im Leistungs- und Hochleistungssport das Problem, dass durch den Eigengebrauch von Dopingsubstanzen nicht nur eine potentielle Gefahr für die Gesundheit des Sportlers selbst entsteht, sondern auch sportliche Wettbewerbe manipuliert werden. Hier könnte eine gesetz-

320 Vgl. zur kontroversen Diskussion DOSB Presse 38/19.09.2006, S. 5; DOSB Presse 42/17.10.2006, S. 25; DOSB Presse 4/23012007, S. 5; DOSB Presse 7/13.02.2007, S. 11; Netzeitung.de. 06.03.2007, www.netzeitung.de/sport/385670.html.

321 *Kouri EM, Pope HG Jr.* Exp Clin Psychopharmacol 2000 (8), S. 483 ff.; *Pope HG Jr, Gruber AJ, Hudson JI, Huestis MA, Yurgelun-Todd D.* Arch Gen Psychiatry 2001 (58), S. 909 ff.

322 *Middleman AB, DuRant RH.* Sports Med 1996 (21), S. 251, 252; *Parssinen M, Seppala T.* Sports Med 2002 (32), S. 83, 84; *Brower KJ.* Curr Psychiatry Rep 2002 (4), S. 377 ff.

liche Strafbarkeit des Besitzes von Dopingsubstanzen oder ausgewählten Dopingsubstanzen helfen, Strafbarkeitslücken zu schließen[323]. Der vom Bundestag verabschiedete Gesetzentwurf zur Verbesserung der Bekämpfung des Dopings im Sport trägt diesem Umstand insoweit Rechnung, als in § 6a AMG ein Abs. 2a eingefügt werden soll, der den Besitz nicht geringer Mengen bestimmter Dopingsubstanzen, darunter auch der im Fitness-Sport am häufigsten konsumierten Substanzen – anabole Steroide und Clenbuterol – verbietet[324]. Allerdings kann diese Regelung im zuvor genannten Zusammenhang nur dann eine Wirkung zeigen, wenn „nicht geringe Menge" nicht zu eng gefasst wird.

Im Gegensatz zur bisher fehlenden gesetzlichen Strafbarkeit besteht gem. den Regelungen der WADA und NADA ein sportrechtliches Verbot des Besitzes von Dopingsubstanzen in Zusammenhang mit Wettbewerben[325]. Ein Verstoß dagegen kann zur Einleitung eines Sanktionsverfahrens mit der Folge einer Wettkampfsperre führen oder im Falle von Trainern oder Betreuern mit dem Ausschluss aus den Sportorganisationen geahndet werden[326].

Allerdings scheint dieses sportrechtliche Verbot des Besitzes von Dopingsubstanzen nicht als ausreichend, da die Organisationen des Sports keine staatlichen Befugnisse zu weitergehenden Maßnahmen, wie beispielsweise Durchsuchungen, Sicherstellung oder Beschlagnahme haben. Mithin sind die Sportorganisationen insoweit auf staatliche Hilfe angewiesen. Beispiele im europäischen Ausland zeigen, dass gerade Ermittlungen der staatlichen Strafverfolgungsorgane einen entscheidenden Beitrag in der Dopingbekämpfung leisten können.

4.4.1.4 Erweiterung der Maßnahmen nach der Strafprozessordnung (StPO)

Die derzeitigen Maßnahmen zur Überwachung der StPO scheinen nicht ausreichend, um dem Handel mit Dopingsubstanzen wirksam zu begegnen. Beispiele der Ermittlungstätigkeit im Ausland, beispielsweise die Ermittlungen der amerikanischen Behörden im Balco-Skandal haben gezeigt, dass die Ermittlungsmöglichkeiten ohne Überwachung des Fernmeldeverkehrs deutlich eingeschränkt sind.

Dies ist bei Verstößen gegen das Arzneimittelgesetz derzeit nicht möglich. Sinnvoll wäre jedenfalls bei Verdachtsmomenten für die gewerbsmäßige Herstellung oder Verbreitung von bestimmten Dopingsubstanzen, wie beispielsweise anabolen Steroiden die Überwachung des Fernmeldeverkehrs zuzulassen. bei. Es bestehen hierzu zwei Möglichkeiten. Zum einen ist dies die Erweiterung des § 100a, Nr. 4

323 Andere Ansicht DOSB, der mit Verweis auf ein Gutachten, das empfiehlt, eine Besitzstrafbarkeit für Dopingsubstanzen nicht gesetzlich zu verankern, vlg. hierzu den Anti-Doping Aktionsplan des DOSB vom 09.12.2006.

324 Vgl. hiezu BT-Drs. 16/5526.

325 Vgl. hierzu World Anti-Doping Code, Artikel 2.6.

326 Vgl. hierzu NADA-Code, Artikel 11.5

StPO auf entsprechende Delikte nach dem Arzneimittelgesetz[327]. Zum anderen ist dies die Aufnahme von anabolen Steroiden in das BtMG. Die Anforderungen des in § 100a StPO normierten Subsidiaritätsgrundsatzes werden hier in der Regel erfüllt sein, da die Sachverhaltserforschung in anderer Weise jedenfalls wesentlich erschwert sein dürfte.

Ob darüber hinaus das Abhören nicht öffentlicher Gespräche innerhalb und außerhalb von Wohnungen notwendig ist, erscheint fraglich, da insoweit die Überwachung des Fernmeldeverkehrs größere Chancen für die Ermittlungstätigkeit der Strafverfolgungsorgane versprechen.

Weiterhin könnte sich eine Erweiterung des Einsatzes Verdeckter Ermittler auch auf nicht gewerbs- oder gewohnheitsmäßig begangene Verstöße gegen das Arzneimittelgesetz in Bezug auf bestimmte Dopingsubstanzen als sinnvoll erweisen. Alternativ würde auch hier die Möglichkeit bestehen, Substanzen, wie beispielsweise anabole Steroide in das BtMG aufzunehmen mit der Folge, dass insoweit keine Änderung der StPO notwendig wäre.

4.4.1.5 Einrichtung von Schwerpunktstaatsanwaltschaften

Das Fehlen spezieller Ermittlungszuständigkeiten, aber auch nicht ausreichendes Verständnis und mangelnde Fachkenntnis bzgl. Dopingsubstanzen werden dafür verantwortlich gemacht, dass sich hinsichtlich der Verfolgung von Delikten nach dem Arzneimittelgesetz, insbesondere § 6a AMG Defizite ergeben. Insoweit könnte, soweit man nicht die Ansicht vertritt, die Gruppe der anabolen Steroide in das BtMG aufzunehmen, die Einrichtung von Schwerpunktstaatsanwaltschaften mit entsprechenden Sonderermittlungsgruppen der Polizei zu einer Steigerung der Effektivität der Ermittlungstätigkeit führen[328].

Die Einrichtung von Schwerpunktstaatsanwaltschaften könnte darüber hinaus nicht nur zu einer Steigerung der Effektivität der Ermittlungstätigkeit selbst führen, sondern auch gleichzeitig eine präventive Wirkung zeigen. Nach allgemeinen kriminologischen Erkenntnissen wird davon ausgegangen, dass ein höheres Entdeckungsrisiko mit einer Reduzierung der Häufigkeit entsprechender Delikte einhergeht[329]. Im Gegensatz hierzu zeigt sich jedoch für Rauschgiftdelikte kein Zusammenhang zwischen der Erhöhung des Strafrahmens und den Häufigkeitszahlen[330].

Das vom Bundestag zuletzt verabschiedete Gesetz zur Verbesserung der Bekämpfung des Dopings im Sport wird der Forderung der Einrichtung von Schwerpunktstaatsanwaltschaften insoweit gerecht, als es die Übertragung von Ermittlungsbe-

327 Zur Ausweitung des Katalogs des § 100a StPO auf den Tatbestand der §§ 95, Abs. 1 Nr. 2a AMG i.V.m. § 6a AMG bei Verdacht des gewerbs- oder bandenmäßigen Handelns mit Dopingsubstanzen *Jahn M.* SpuRt 2005, S. 141, 144.

328 Sportministerkonferenz. Pressemitteilung vom 08.03.2006, S.1. Vgl. auch *Jahn M.* SpuRt 2005, S. 141, 145.

329 Vgl. *Kaiser G.* § 31, Rdn, 34 f.

330 Bundeskriminalamt. Polizeiliche Kriminalstatistik 2000. www.bka.de/pks/pks2000/index2.html.

fugnissen für die Strafverfolgung des international organisierten ungesetzlichen Handels mit Arzneimitteln auf das Bundeskriminalamt durch Änderung des BKAG vorsieht[331]. Ob diese Änderung für eine wesentliche Verbesserung der derzeitigen Situation im Rahmen der Verfolgung von Dopingstraftaten ausreicht, erscheint eher fraglich.

4.4.1.6 Einführung eines Anti-Doping Gesetzes

Häufig diskutiert, jedoch bisher nicht umgesetzt ist die Einführung eines einheitlichen Anti-Doping Gesetzes[332], in dem sämtliche Belange der Dopingbekämpfung gesetzlich festgeschrieben werden[333]. Diese meist auf die Belange des Leistungssports zugeschnittene Diskussion konzentriert sich hinsichtlich des Dopings im Freizeit- und Fitness-Sport zum einen auf die Frage, ob es notwendig ist, die gegen Doping gerichteten Strafbestimmungen in einem einheitlichen Gesetz zusammenzufassen oder ob es ausreichend ist, dass diese in verschiedenen Gesetzen festgeschrieben sind[334]. Einerseits wird argumentiert, dass es unerheblich sei, ob Anti-Dopingbestimmungen in allgemeinen Gesetzen oder in einem speziellen Anti-Dopinggesetz niedergeschrieben sind[335]. Andererseits konnte in Befragungen von Sportlern festgestellt werden, dass diese mehrheitlich die Einführung eines einheitlichen Anti-Doping Gesetzes befürworten[336].

Es wird insoweit argumentiert, dass ein Anti-Dopinggesetz sinnvoll sei, um dopende Sportler sowie deren Umfeld konsequenter verfolgen und bestrafen zu können, insbesondere auch den Besitz von Dopingsubstanzen unter Strafe zu stellen[337].

Allerdings ist zu berücksichtigen, dass dies auch ohne Einführung eines einheitlichen Anti-Doping Gesetzes, beispielsweise durch Ergänzung des Arzneimittelgesetzes möglich ist. Keine Unterschiede ergeben sich auch dahingehend, dass die häufig fehlenden Spezialkenntnisse der staatlichen Gerichtsbarkeit durch Einführung eines Anti-Doping Gesetzes nicht verbessert werden. Zudem muss davon ausgegangen werden, dass unter Berücksichtigung verfassungsrechtlicher Gesichtspunkte eine Verhängung von Freiheitsstrafen nur in besonderen, schwerwiegenden Fällen in Frage kommen. Meist wird es, jedenfalls bei Ersttätern bei einer Geldstrafe oder sogar der Einstellung des Strafverfahrens nach §§ 153,153a StPO bleiben[338].

331 Vgl. hierzu BT-Drs. 16/5526.

332 Zu den negativen Wirkungen einse Anti-Doping Gesetzes Wagner G. ZRP 1992, S. 369, 370 f.

333 Vgl. *Vieweg K.* SpuRt 2004, S. 194. Zur Grundsatzfrage, ob sich der Staat in die Belange des Sports einmischen sollte oder ob die Selbstregulierungskräfte des Sports zur wirksamen Bekämpfung des Dopings ausreichen.

334 Dies entspricht dem vom Deutschen Bundestag zuletzt gewählten Weg. Vgl. hierzu BT-Drs. 16/5526.

335 Vgl. *Vieweg* SpuRt 2004, S. 194, 196.

336 *Striegel H, Vollkommer G, Dickhuth HH.* J Sports Med Phys Fitness 2002 (42), S. 354, 356.

337 *Dury W.* SpuRt 2005, S. 137 f.

338 Vgl. *Dury,* SpuRt 2005, S. 137, 140.

Aus rechtlicher Sicht ergibt sich somit kein zwingendes Erfordernis für die Einführung eines speziellen Anti-Doping Gesetzes in Deutschland.

Darüber hinaus ist zu diskutieren, ob in einem einheitlichen Anti-Doping Gesetz neben repressiven Maßnahmen, auch Gesichtspunkte der Dopingprävention miterfasst werden können. Diese könnten auch eine Verpflichtung des Staates zur Dopingprävention beinhalten. Darüber hinaus könnten in einem einheitlichen Anti-Doping Gesetz auch die Leitlinien der Dopingprävention in gesundheitspräventiver Hinsicht festgeschrieben werden[339]. Sinnvoller Weise sollte in diesem Kontext auch der finanzielle Rahmen, der für die Dopingprävention zur Verfügung gestellt wird, fixiert werden, da nur auf diese Weise die tatsächliche Umsetzung präventiver Maßnahmen gewährleistet werden kann. Als Beispiel kann hierzu die WADA dienen, die in ihrer satzungsrechtlichen Grundlage, dem World Anti-Doping Code die Initiierung von Anti-Doping Programmen festschreibt und auch die entsprechenden finanziellen Mittel bereitstellt[340]. Die Strukturierung und Durchführung dopingpräventiver Projekte könnten sinnvoller Weise die Organisationen des Sports mit übernehmen, da diese einen engeren fachlichen Bezug zu den Gegebenheiten des Sports aufweisen.

Der Deutsche Bundestag hat sich jedoch zuletzt gegen die Einführung eines einheitlichen Anti-Doping Gesetzes entschieden und einen Gesetzesentwurf zur Verbesserung der Bekämpfung des Dopings im Sport verabschiedet, in dem Änderungen in verschiedenen Gesetzen zur Optimierung des Anti-Doping Kampfs vorgesehen sind. Eine Verpflichtung des Staates zur Dopingprävention wurde nicht festgeschrieben. Darüber hinaus sind auch die Forderungen nach der Einrichtung von Schwerpunktstaatsanwaltschaften sowie der Strafbarkeit des Besitzes von Dopingsubstanzen nur in Teilen umgesetzt worden. Das Gesetz sieht folgende Änderungen vor[341]:

1. Übertragung von Ermittlungsbefugnissen für die Strafverfolgung in Fällen des international organisierten ungesetzlichen Handels mit Arzneimitteln auf das Bundeskriminalamt durch Änderung des BKAG.

2. Strafschärfungen für banden- und gewerbsmäßige Dopingstraftaten nach dem Arzneimittelgesetz, verbunden mit der Einführung des erweiterten Verfalls in diesen Fällen durch Änderung des AMG.

3. Einführung der Strafbarkeit des Besitzes nicht geringer Mengen bestimmter Dopingsubstanzen durch Änderung des AMG.

4. Aufnahme von Warnhinweisen für Arzneimittel, die für Doping geeignet sind, durch Änderung des AMG.

339 *Striegel H, Vollkommer G, Dickhuth HH.* J Sports Med Phys Fitness 2002 (42), S. 354, 357 f.
340 World Anti-Doping Code, Art. 18.
341 BT-Drs. 16/5526.

4.4.1.7 Verbesserung der internationalen Zusammenarbeit

Die Dopingskandale des Sommers 2006 und 2007, aber auch der Balco-Skandal in den Vereinigten Staaten haben gezeigt, dass Doping kein ausschließlich national begrenztes, sondern vielmehr ein Länder übergreifendes Problem darstellt[342]. Nicht nur im Leistungs- und Hochleistungssport, sondern auch im Freizeit- und Fitness-Sport ist davon auszugehen, dass ein nicht unbeträchtlicher Anteil der in Deutschland konsumierten Dopingsubstanzen im Ausland hergestellt bzw. dort gekauft und illegal eingeführt wurden[343]. Dies zeigen auch die Ergebnisse der unter Kapitel 3.3 dargestellten Studie, in der 48,1 % der Sportler, die den Gebrauch von Dopingsubstanzen bejahten, angaben, dass sie diese zumindest auch im Ausland von Ärzten und/oder Apothekern erhalten haben[344].

Zur wirksamen Bekämpfung des Dopings – auch im Freizeit- und Fitness-Sport – ist es daher notwendig, dass die Strafverfolgungsbehörden über die Landesgrenzen hinweg intensiver zusammenarbeiten. In diese Richtung weist auch die vom Bundestag verabschiedete Änderung des BKAG mit Übertragung von Ermittlungsbefugnissen in Fällen des international organisierten Handels mit Arzneimitteln auf das Bundeskriminalamt[345].

4.4.1.8 Kronzeugenregelung

Kronzeugenregelungen sind im staatlichen Recht nicht unumstritten[346]. Man versteht darunter eine Regelung, die dem Täter oder Teilnehmer einer Straftat Strafmilderungen bis hin zur Straffreiheit gewährt, weil er über seinen eigenen Tatbeitrag hinaus aussagt und so die Aufklärung von Straftaten oder der Verhinderung von Straftaten fördert. Bisher gibt es im deutschen Strafrecht nur vereinzelt derartige Regelungen[347].

Für die Einführung einer Kronzeugenregelung bei Dopingverstößen könnten die Erfahrungen mit der Regelung des § 31 BtMG sprechen, die seit 1982 vielfach angewandt wurde und mit deren Hilfe gerade internationale Netzwerke des Drogenhandels enttarnt werden konnten[348]. Allerdings stellte es sich in den vergangenen mehr als 20 Jahren in vielen Fällen schwierig dar und löste oft monatelange kostspielige Ermittlungen aus, den Wahrheitsgehalt der Aussagen von Straftätern zu überprüfen.

342 *Nowitzky J, Colombet J.* Internal Revenue Service. Criminal Investigation Division. 03.09.2003.

343 *Ritsch M, Mußhoff F.* Sportverl Sportschad 2000 (14), S. 1.

344 Vgl. hierzu Kapitel 3.3.5.

345 Vgl. hierzu BT-Drs. 16/5526, S. 5.

346 Vgl. hierzu *Wüterich C, Breucker M.* SpuRt 2002, S. 133, 136; *Mayer D.* SpuRt 2002, S. 97, 99 f.; kritisch zur Einführung einer Kronzeugenregelung *Jahn M.* SpuRt 2005, S. 141, 145.

347 Z.B. §261, Abs. 10 StGB; § 129, Abs. 6 StGB; § 31 BtMG.

348 *Körner HH.* SpuRt 2002, S. 226, 228.

Dennoch könnte es sich gerade im Bereich des organisierten Handels mit anabolen Steroiden als hilfreich erweisen, wenn das AMG eine dem § 31 BtMG vergleichbare Regelung enthielte, um in die Organisationsstrukturen des Dopingsubstanzhandels einzudringen und einzelne Mitglieder dieser Gruppen zu einer Kronzeugenaussage zu bewegen. Alternativ hierzu bestünde auch die Möglichkeit der Aufnahme der anabolen Steroide in das BtMG mit der Folge, dass dann grundsätzlich die Anwendung des § 31 BtMG in Betracht käme.

4.4.2 Präventive Maßnahmen

Neben der Verschärfung gesetzlicher Regelungen zur Bekämpfung des Dopings können insbesondere auch präventiven Anti-Doping Maßnahmen eine entscheidende Bedeutung zukommen. Dies vor allem vor dem Hintergrund, dass die in der in Kapitel 3.3.5 dargestellten Studie zum Doping im Fitness-Sport befragten dopenden Sportler nahezu einhellig nicht bereit sind, dauerhafte gesundheitliche Beeinträchtigungen in Kauf zu nehmen[349]. Die „einfache" Aufklärung über gesundheitliche Risiken des Gebrauchs von Dopingsubstanzen wird allerdings nur ein geringes Abschreckungspotential besitzen. Anders könnte dies jedoch sein, wenn den Sportlern das gesamte Spektrum möglicher Nebenwirkungen bis hin zu Dauerschäden und lebensbedrohlichen Nebenwirkungen der Einnahme von Dopingsubstanzen vor Augen geführt wird. Hierfür spricht insbesondere der Umstand, dass die dopenden Fitness-Studio-Mitglieder der in Kapitel 3 dargestellten Studie allenfalls vorübergehende gesundheitliche Nebenwirkungen des Dopingsubstanzkonsums tolerieren wollen. Offensichtlich haben diese Personen nicht ausreichend Kenntnis über die möglichen Langzeitnebenwirkungen von Dopingsubstanzen, beispielsweise der Einnahme von anabolen Steroiden. Hierbei ist zu bedenken, dass negative Langzeiteffekte, ja sogar die angestrebten Effekte, wie Muskelwachstum bis in die 90er Jahre des letzten Jahrhunderts hinein von Sportmedizinern angezweifelt wurden[350]. Inzwischen können jedoch eine Reihe von Langzeitnebenwirkungen anaboler Steroide als gesichert angesehen werden[351].

Von besonderer Bedeutung für präventive Anti-Doping Maßnahmen könnte weiterhin der Zusammenhang zwischen der Einnahme von Dopingsubstanzen und dem Konsum legaler und illegaler Drogen sein. Für den Bereich der klassischen illegalen Drogen haben sog. „gateway" oder „slippery slope" Hypothesen nahe gelegt, dass „weiche" Drogen den ersten Schritt zum Missbrauch von „harten" Drogen darstellen

349 Vgl. hierzu Kapitel 3.3.5.

350 *Melchert RB, Wedler AA.* Med Sci Sports Exerc. 1995 (27), S. 1252, 1256 f.; *Kuipers H, Wijnen JA, Hartgens F, Willems SMM.* Int J Sports Med 1991 (12), S. 413 ff.

351 *Bryden AAG, Rothwell PJN, O'Reilly PH.* Lancet 1995 (346), S. 1306 f.; *Dickerman RD, Schaller F, McConathy WJ.* Cardiology 1998 (90), S. 145; *Ebenbichler CF, Sturm W, Gazer H, Bodner J, Mangweth B, Ritsch A, Sandhofer A, Lechleitner M, Foger B, Patsch JR.* Atherosclerosis 2001 (158), S. 483 ff.

würden. In die gleiche Richtung weist auch der in der dargestellten Studie analysierte Zusammenhang zwischen „weichen" und „harten" Drogen. Frühere Analyseergebnisse, die auf Assoziation zwischen „weichen" und „harten" Drogen hingewiesen hatten, machten eine generelle Neigung dieser Personen zu Drogen, eine erhöhte Risikobereitschaft sowie die Nähe zum Schwarzmarkt für diese Korrelation verantwortlich[352]. Avary und Pope stellten sogar die Hypothese auf, dass der Konsum anaboler Steroide einen Opioidmissbrauch auslösen kann[353].

Untersuchungen an Primaten konnten diese Hypothesen allerdings nicht bestätigen[354]. Ferner machen die dargestellten Untersuchungen auf ein methodisches Problem aufmerksam, welches es bei der Untersuchung von illegalem Drogenkonsum und Doping zu beachten gilt. Zunächst einmal zeigen die Ergebnisse der Randomized Response Technique, dass selbst bei vollständig anonymer Durchführung einer Fragebogenstudie im Fitness-Sport die Angaben der Teilnehmer zu den illegalen Drogen äußerst fragwürdig sind. Es muss sogar davon ausgegangen werden, dass womöglich auch die Randomized Respons Technique die Dunkelziffer für einen sensiblen Parameter, wie den illegalen Drogenkonsum noch immer unterschätzt.

Darüber hinaus ist zu bedenken, dass sich auch in der hier dargestellten Studie zum Doping im Fitness-Sport eine hohe Korrelation zwischen illegalem Drogenkonsum und der Einnahme von Dopingsubstanzen fand. Zunächst wurde außer Acht gelassen, dass es sich bei Kokain um eine der am längsten bekannten leistungssteigernden Substanzen handelt[355] und diese zu den Dopingsubstanzen gerechnet werden kann. Nimmt man nun Kokain aus der Korrelationsanalyse heraus, so findet sich auch kein Zusammenhang mehr zwischen dem Konsum illegaler Drogen und Dopingsubstanzen. Da in anderen Studien keine Angaben zu einzelnen illegalen Drogen gemacht werden, kann nicht beurteilt werden, ob in diesen Studien die Korrelation zwischen illegalen Drogen und dem Konsum von Dopingsubstanzen ebenfalls allein auf Kokain zurückzuführen ist.

Für zukünftige präventive Maßnahmen ist darüber hinaus sicherlich von Bedeutung, dass in den in Kapitel 3 dargestellten Untersuchungen ein reziproker Zusammenhang zwischen der Einnahme von Dopingsubstanzen und dem Konsum der legalen Droge Alkohol gefunden werden konnte. Dopingsubstanzkonsumenten scheinen gerade kein politoxikomanes Verhalten aufzuweisen, sondern sind auf physische Verbesserung und Erhaltung der Gesundheit ausgerichtet. Sie trainieren häufiger und länger als gewöhnliche Fitness-Studio-Besucher und geben als Hauptmotiv für den Dopingsubstanzkonsum eine Verbesserung des Aussehens an[356]. In-

352 *Nilsson S.* Eur J Clin Pharmacol 1995 (48), S. 9, 10 ; *Yesalis CE, Kennedy NJ, Kopstein AN, Bahrke MS.* JAMA 1993 (270), S.1217, 1219 f.

353 *Arvary D, Pope HG.* N Engl J Med 2000 (342). S. 1532.

354 *Negus SS, Pope HG, Kanayama G, Wines JD, Fischer BD.* Psychoneuroendocrinology 2001 (26), S. 789 ff.

355 *Freud S.* Zentralblatt für die gesamte Therapie 1884, S. 289 ff.

356 *Mangweth B, Pope HG, Kemmler G, Ebenbichler C, Hausmann A, De Col C. Kreutner B, Kinzl J, Biebl W.* Psychother Psychosom 2001 (70), S. 38, 41; *Johnson MD, Jay MS, Shoup B, Rickert VI.* Pediatrics 1989 (83), S. 921, 922.

soweit versuchen Dopingsubstanzkonsumenten dem heutigen idealen Körperbild zu entsprechen, welches durch die Medien westlicher Industrienationen täglich suggeriert wird[357].

Dies bedeutet, dass Erkenntnisse aus der Drogenprävention nicht ohne weiteres auf Dopingsubstanzkonsumenten übertragen werden können, vielmehr es sich bei Drogenkonsumenten und dopenden Fitness-Sportlern um Personen mit divergierenden Einstellungen und Verhaltensweisen handelt, die nicht oder nur ansatzweise miteinander verglichen werden können. Darüber hinaus weisen Dopingsubstanzkonsumenten in mehrfacher Hinsicht eine starke Verbindung zum Gesundheitssystem auf. Zum einen werden Ärzte bei Fragen hinsichtlich des Dopingsubstanzkonsums häufig konsultiert, zum anderen dient das Gesundheitssystem als einer der Hauptlieferanten in Bezug auf Dopingsubstanzen.

Aufgrund der dargestellten Zusammenhänge des Dopings im Fitness-Sport ist zu erwarten, dass die Chancen erfolgreicher Präventions- und Interventionsprogramme mit relativ einfachen Mitteln, beispielsweise Aufklärung über sämtliche Nebenwirkungen und Appellieren an das Gesundheitsbewusstsein durchzuführen, bereits hoch sein könnten, weil es sich bei dopenden Fitness-Sportlern um körperorientierte, medizinisch kontrollierte, aber auch gesundheitsbewußte und nicht am Rande der Gesellschaft stehende Personen handelt wie dies bei drogenabhängigen Menschen regelmäßig der Fall ist.

Bei der Einleitung und Umsetzung präventiver Maßnahmen könnte dem Gesundheitswesen, namentlich Ärzten und Apothekern eine besonders hohe Bedeutung zukommen[358]. Einerseits wird die Durchführung qualifizierter Anti-Doping Programme nicht ohne das Engagement entsprechend fachlich vorgebildeter Personen möglich sein. Hierbei könnte gerade Ärzten eine besondere Bedeutung zukommen[359]. Zum anderen stellen Ärzte bereits jetzt die wesentliche Informationsquelle für Sportler dar, die Dopingsubstanzen einnehmen oder dies planen. Diese herausragende Stellung des Arztes kann aus Sicht des Sportlers einerseits in der durch die gesetzlich normierte Schweigepflicht des Arztes liegen, zum anderen aber auch in der Erwartung einer spezifischen Fachkompetenz mit entsprechender Weiterbildung auch auf dem Gebiet des Dopings.

Diesen Anforderungen in Bezug auf Doping werden die Ärzte in Deutschland bisher nur teilweise gerecht. Anders ist es nicht zu erklären, dass ein nicht unbeträchtlicher Anteil der Fitness-Sportler angegeben hat, Dopingsubstanzen von Ärzten zu erhalten und dieser Anteil bei den Sportlern, die mehrere Dopingsubstanzen konsumieren, noch deutlich höher lag. Demzufolge muss auch unter Ärzten das

357 *Kanayama G, Pope HG, Cohane G, Hudson JL.* Drug Alcohol Depend 2003 (71), S. 79, 83 f.

358 *Dawson RT.* J Endocrinol 2001 (170), S. 55 ff.; *Pope HG, Kanayama G, Ionescu-Pioggia M, Hudson JI.* Addiction 2004 (99), S. 1189, 1193 f.

359 *Greenway P, Greenway M.* Br J Sports Med 1997 (31), S. 129, 130 f.; *Laure P.* J Sports Med Phys Fitness 1997 (37), S. 218, 222.

Risikobewusstsein hinsichtlich des Konsums von Dopingsubstanzen durch entsprechende Aus- und Weiterbildungsmaßnahmen verbessert werden[360].

Entscheidend für die Umsetzung und Durchführung präventiver Maßnahmen dürfte sein, tatsächlich eine Verhaltensänderung bei Sportlern zu erreichen[361]. Hierzu ist neben der Aufklärung von Sportlern über die möglichen Nebenwirkungen der unkontrollierten Einnahme von Dopingsubstanzen die Implementierung gezielter Maßnahmen zur Änderung von Verhaltensweisen und Vermittlung von Strategien zur Risikominimierung und Risikovermeidung notwendig[362]. Ansätze für derartige Interventionsprogramme konnten in Untersuchungen an amerikanischen Schulen eine signifikante Reduktion Jugendlicher zeigen, die den Konsum anaboler Steroide beabsichtigen[363]. Hierbei scheint es sich beim Effekt der Risikoreduktion in Bezug auf die Einnahme anaboler Steroide um einen dauerhaften Effekt im Sinne einer Langzeitrisikoreduktion zu handeln[364].

Bisherige Ansätze zur Dopingprävention wurden – soweit überhaupt durchgeführt – diesem Anspruch nicht gerecht. Auf der Basis der in Kapitel 3 dargestellten Ergebnisse könnten im Rahmen von Pilotprojekten konkrete Anti-Doping Maßnahmen eingeleitet werden. Unter ökonomischen Gesichtspunkten erscheint es darüber hinaus zwingend notwendig, die eingeleiteten Projekte zeitnah zu evaluieren, um auf diese Weise die vorhandenen finanziellen Ressourcen zielgerichtet und wirkungsvoll einsetzen zu können.

4.5. Zusammenfassender Vorschlag für Anti-Doping Maßnahmen im Fitness-Sport

Der Gebrauch von Dopingsubstanzen im Fitness-Sport hat beträchtliche Ausmaße angenommen, die ein rasches und zielgerichtetes Handeln dringend notwendig machen. Nicht nur die gesundheitlichen Gefahren des Dopingkonsums für den einzelnen, sondern insbesondere die sozioökonomische Relevanz einer unkontrollierten Einnahme von Dopingsubstanzen stellt ein nicht zu unterschätzendes Problem für die Gesellschaft im Ganzen dar[365].

Zur Bekämpfung des Dopings erscheinen ausschließlich repressive oder ausschließlich präventive Maßnahmen weniger Erfolg zu versprechen als die Kombination beider Möglichkeiten.

360 *Laure P.* J Sports Med Phys Fitness 1997 (37), S. 218, 222.
361 *DuRant RH, Rickert VI, Ashworth CS, Newman C, Slavens G.* N Engl J Med 1993 (328), S. 922, 925.
362 *DuRant RH, Rickert VI, Ashworth CS, Newman C, Slavens G.* N Engl J Med 1993 (328), S. 922, 925.
363 *Goldberg L, Elliot D, Clarke GN, MacKinnon DP, Moe E, Zoref L, Green C, Wolf SL, Greffrath E, Miller DJ, Lapin A.* JAMA. 1996 (276), S. 1555, 1559 f.
364 *Goldberg L, Elliot D, Clarke GN, MacKinnon DP, Moe E, Zoref L, Green C, Wolf SL, Greffrath E, Miller DJ, Lapin A.* JAMA. 1996 (276), S. 1555, 1561.
365 *Striegel H, Simon P, Frisch S, Roecker K, Dietz K, Dickhuth HH, Ulrich R.* Drug Alcohol Depend. 2006 (81). S. 11, 17 f.

Basierend auf dem von Hirschi entwickelten Modell sozialer Kontrolle kann eine externe Verhaltenskontrolle vor allem durch eine Verschärfung der gesetzlichen Regelungen des Arzneimittelgesetzes und Betäubungsmittelgesetzes sowie deren konsequente Umsetzung durch die Strafverfolgungsorgane erreicht werden[366]. Darüber hinaus könnte die Erweiterung der Befugnisse der Strafverfolgungsorgane durch Änderung der Strafprozessordnung sinnvoll sein[367].

Ebenso wichtig oder sogar wichtiger als die Warenverkehrsfreiheit für Arzneimittel, die gleichzeitig Dopingsubstanzen darstellen, aufzuheben und diese Wirkstoffe vom Versandhandel auszunehmen, wäre eine weitere Beschränkung der auf dem deutschen Markt in Apotheken erhältlichen Arzneimittel, die zu Dopingzwecken eingesetzt werden. Darüber hinaus könnte die Erweiterung der Regelüberwachung gem. § 64 AMG auf Fitness-Studios, die mit weitergehenden Befugnissen, wie beispielsweise dem Betreten von Räumen und der Sicherstellung von Beweismitteln verbunden sind, einen zusätzlichen Effekt bieten.

Wichtig wäre zudem, den unerlaubten Besitz bestimmter Dopingsubstanzen, insbesondere anaboler Steroide unter Strafe zu stellen[368]. Dies sollte sich nicht nur, wie dies der zuletzt vom Bundestag verabschiedete Gesetzesentwurf vorsieht, auf den Besitz größerer Mengen anaboler Steroide oder das Handeltreiben mit derartigen Substanzen beschränken, sondern vielmehr auch den Besitz geringerer Mengen, die ausschließlich dem Eigengebrauch dienen, umfassen. Die rechtliche Umsetzung könnte durch eine Erweiterung des AMG oder alternativ durch Aufnahme anaboler Steroide in das BtMG erfolgen. Nach der hier vertretenen Ansicht wird eine Aufnahme anaboler Steroide in das BtMG favorisiert. Zum einen besteht, wie in Kapitel 4.4.1.3 ausgeführt, bei anabolen Steroiden ein anderen Rauschmitteln vergleichbares Suchtpotential[369]. Zum anderen ist mit Blick auf den Leistungs- und Hochleistungssport dort eine gezielte Dopingbekämpfung notwendig, da das sportrechtliche Dopingverbot nicht auszureichen scheint.

Aus strafprozessualer Sicht könnten sich erweiterte Möglichkeiten der Überwachung des Fernmeldeverkehrs und des Einsatzes Verdeckter Ermittler in Bezug auf die Herstellung und den Vertrieb anaboler Steroide als sinnvoll erweisen[370]. Dies könnte auch ohne Änderung der StPO durch Aufnahme anaboler Steroide in das BtMG erfolgen. Gleiches gilt für die mögliche Einführung einer Kronzeugenregelung[371]. Eine derartige Regelung müsste im Arzneimittelgesetz neu eingeführt werden, würde dagegen bei Aufnahme der anabolen Steroide in das BtMG gem. § 31 BtMG ohne weitere Gesetzesänderungen gelten.

366 Vgl. hierzu auch die vom Bundestag verabschiedeten Gesetzesänderungen zur Verbesserung der Bekämpfung des Dopings im Sport. BT-Drs. 16/5526.

367 Vgl. hierzu ausführlich Kapitel 4.4.1.

368 Vgl. hierzu DOSB Presse 38/19.09.2006, S. 5; DOSB Presse 42/17.10.2006, S. 25; DOSB Presse 4/23012007, S. 5; DOSB Presse 7/13.02.2007, S. 11.

369 *Middleman AB, DuRant RH.* Sports Med 1996 (21), S. 251, 252; *Parssinen M, Seppala T.* Sports Med 2002 (32), S. 83, 84; *Brower KJ.* Curr Psychiatry Rep 2002 (4), S. 377 ff.

370 Vgl. hierzu Kapitel 4.4.1.4.

371 Vgl. hierzu Kapitel 4.4.1.8.

Zur Verbesserung des seit Jahren beklagten Vollzugsdefizits in Bezug auf Dopingstraftaten ist die Einrichtung von Schwerpunktstaatsanwaltschaften mit entsprechenden Sonderermittlungsgruppen bei der Polizei dingend notwendig[372]. Alternativ bestünde auch hier die Möglichkeit der Aufnahme anaboler Steroide in das BtMG mit der Folge, dass eine Zuordnung innerhalb der Staatsanwaltschaften gegeben wäre. Beide Varianten können zu einer deutlichen Steigerung der Effektivität der Ermittlungstätigkeit führen. Die Ermittlungstätigkeit in Bezug auf Straftaten im Zusammenhang mit Dopingsubstanzen darf sich zukünftig nicht auf Deutschland beschränken, da es sich beim Doping nicht um ein ausschließlich nationales Problem handelt. Es ist zu vermuten, dass durch die Reduzierung der auf dem deutschen Arzneimittelmarkt erhältlichen anabolen Steroide zunehmend mehr Produkte aus dem Ausland eingeführt werden. Insoweit ist eine verstärkte internationale Zusammenarbeit dringend notwendig.

Die Einführung eines speziellen Anti-Doping Gesetzes erscheint aus rein juristischer Sicht nicht notwendig, wenngleich ein solches von der überwiegenden Mehrheit der Leistungs- und Hochleistungssportler befürwortet wird[373]. Insoweit könnte ein Anti-Doping Gesetz aufgrund seiner Wirkung in der Öffentlichkeit eine gesteigerte Entschlossenheit des Staates zur Bekämpfung des Dopings zeigen.

Neben der externen Verhaltenskontrolle durch Verschärfung der Gesetze und Verbesserung der Strafverfolgung kommt insbesondere auch präventiven Aufklärungsmaßnahmen eine besondere Bedeutung zu. Aufgrund der offensichtlich bereits bestehenden, engen Bindung zwischen Vertretern des Gesundheitswesens und dopenden Fitness-Sportlern sollte diese genutzt werden, präventive Aufklärungsmaßnahmen einzuleiten und umzusetzen[374]. Dies setzt zunächst eine entsprechende Aufklärung und Schulung von Ärzten und Apothekern voraus, da hier, wie bereits ausgeführt, noch erhebliche Kenntnisdefizite hinsichtlich des Gefahrenpotentials von Dopingsubstanzen bestehen. In einem zweiten Schritt können dann diese Personen in konkrete Präventionsprojekte eingebunden werden. Mithin würden die Vertreter des Gesundheitswesens als Multiplikatoren der Dopingprävention dienen.

Für die konkrete Umsetzung und Durchführung von präventiven Aufklärungsmaßnahmen scheinen insbesondere interaktive Projekte in Frage zu kommen[375]. Das zur Verfügung stellen von Dopingaufklärungsmaterialien in ausschließlich schriftlicher Form wird nicht ausreichen, um dopende Fitness-Sportler und solche, die dies planen, tatsächlich zu erreichen und eine Verhaltensänderung bei diesen Personen

372 Durch den vom Bundestag verabschiedeten Gesetzesentwurf zur Verbesserung der Bekämpfung des Dopings im Sport werden lediglich die Ermittlungsbefugnisse des international organisierten ungesetzlichen Handels mit Arzneimitteln auf das Bundeskriminalamt übertragen. Vgl. hierzu BT-Drs. 16/5526.

373 *Striegel H, Vollkommer G, Dickhuth HH.* J Sports Med Phys Fitness 2002 (42), S. 354, 356.

374 *Striegel H, Simon P, Frisch S, Roecker K, Dietz K, Dickhuth HH, Ulrich R.* Drug Alcohol Depend. 2006 (81). S. 11, 18.

375 *Goldberg L, Elliot D, Clarke GN, MacKinnon DP, Moe E, Zoref L, Green C, Wolf SL, Greffrath E, Miller DJ, Lapin A.* JAMA. 1996 (276), S. 1555, 1560 f.

hervorzurufen. Vielmehr sollten Maßnahmen zur Entwicklung und Stärkung der Eigenverantwortung der Sportler im Vordergrund stehen[376]. Gerade dies lässt sich durch interaktive Maßnahmen im direkten Kontakt zum Sportler besser umsetzen als durch ausschließlich schriftliche Maßnahmen. In Präventionsprojekte sollten neben den Sportlern selbst, auch Trainer und Betreuer in Fitness-Studios eingebunden werden. Da Trainer entsprechend der in Kapitel 3.3 dargestellten Studie bisher keine entscheidende Informationsquelle hinsichtlich Dopingsubstanzen darstellen, wird es notwendig sein, dass diese Personen nach entsprechender eigener Schulung und Entwicklung ihrer Verantwortung aktiv auf Fitness-Sportler zugehen.

All diese Maßnahmen sind nicht umsetzbar, wenn diese nicht von staatlicher Seite finanziell ausreichend unterstützt und gefördert werden. Als Beispiel soll insoweit die Nationale Anti-Doping Agentur (NADA) dienen, der zuletzt im Zusammenhang mit sog. Missed Tests[377] im Leistungssport vorgeworfen wurde, dass sie ihren Geschäftsbetrieb nicht ordnungsgemäß führt. Der NADA steht jedoch ein finanzielles Budget zur Verfügung, das eine ausreichende Bearbeitung und Umsetzung der übertragenen Aufgaben kaum zulässt[378].

Diese auf den ersten Blick Kosten verursachenden Präventionsprojekte könnten jedoch mittelfristig zur Verringerung der gesundheitlichen Nebenwirkungen und längerfristigen Spätschäden aufgrund des Konsums von Dopingsubstanzen im Fitness-Sport führen und besitzen insoweit ein hohes Einsparpotential für das Gesundheitswesen. Es wäre als klares Zeichen seitens des Staates zu werten, wenn neben der Verschärfung der Gesetze[379] als repressive Maßnahmen auch die Grundzüge der Dopingprävention und Aufklärung gesetzlich verankert werden.

Doping im Fitness-Sport ist in gleicher Weise wie andere gesellschaftliche Bereiche dem zeitlichen Wandel unterworfen. Dies gilt insbesondere für Dopingsubstanzen selbst. Entwicklungen der medizinischen und pharmazeutischen Wissenschaft werden zwar zunächst Einzug beim Doping im Leistungs- und Hochleistungssport finden, jedoch mittelfristig auch beim Doping im Fitness-Sport eingesetzt werden[380]. Gleiches gilt für die Informations- und Bezugsquellen von Dopingsubstanzen, aber auch für die Motive der Sportler, Dopingsubstanzen zu konsumieren. Insoweit wird es nötig sein, Anti-Doping Maßnahmen regelmäßig an veränderte äußere Bedingungen und Einflüssen anzupassen. Dies wiederum setzt voraus, dass zum einen in

376 *Goldberg L, Elliot D, Clarke GN, MacKinnon DP, Moe E, Zoref L, Green C, Wolf SL, Greffrath E, Miller DJ, Lapin A.* JAMA. 1996 (276), S. 1555, 1561.

377 DOSB Presse 6/06.02.2007, S. 5.

378 Die NADA fordert eine erhebliche Aufstockung ihres Finanzbudgets zur suffizienten Erledigung der ihr zugewiesenen Aufagben. Vgl. hierzu www.sportrechturteile.de/News/ARGE-Sportrecht/news8381.html.

379 Vgl. hierzu den vom Bundestag verabschiedeten Gesetzesentwurf zur Verbesserung der Bekämpfung des Dopings im Sport. BT-Drs. 16/5526.

380 *Striegel H, Simon P.* Doping – High-Tech Betrug im Sport. Internist 2007 (48), S. 737.

regelmäßigen Abständen begleitend durch epidemiologische Studien die Situation des Dopings im Fitness-Sport überprüft werden muss. Zum anderen ist es, vor allem unter wirtschaftlicher und finanzieller Betrachtung notwendig, präventive Anti-Doping Maßnahmen auf ihre Effizienz zu überprüfen.

Zusammenfassung

Positive Dopinganalysen unter Weltklasseathleten haben in den letzten Jahren wiederholt zu medienträchtigen Ereignissen geführt. Die Öffentlichkeitswirkung derartiger Dopingfälle darf jedoch nicht dazu führen, dass Doping als ein ausschließliches Problem des Leistungs- und Hochleistungssports gesehen wird. Doping ist vielmehr auch ein ernsthaftes, zunehmendes Problem des Freizeit- und Fitness-Sports.

Sowohl aus ökonomischen und wirtschaftlichen Gesichtspunkten, als auch aus gesundheitspräventiver Sicht sind daher nicht nur im Leistungssport, sondern auch im Fitness-Sport dringend Anti-Doping Maßnahmen notwendig. Dabei kommen, anders als im Leistungssport nur Dopingsanktionen auf der Basis staatlicher Gesetze und präventive Anti-Doping Maßnahmen in Frage, da im Freizeit-Sport Dopingkontrollen bereits aus finanziellen Gründen nicht durchführbar sind.

Dopingsubstanzen, vor allem die im Fitness-Sport am häufigsten gebrauchte Substanzgruppe der anabolen Steroide können zu nicht unerheblichen gesundheitlichen Risiken führen. Dies gilt insbesondere dann, wenn mehrere Dopingsubstanzen gleichzeitig konsumiert werden. Die Spanne der möglichen Nebenwirkungen reicht dabei von vorübergehenden Beeinträchtigungen, wie Schlafstörungen oder Aggressionszuständen bis hin zu schwerwiegenden, dauerhaften Schäden an verschiedensten Organsystemen, die in Einzelfällen auch zum Tode führen können.

Für einen sinnvollen Umgang mit finanziellen Ressourcen sind beim Doping im Fitness-Sport zunächst der Umfang des Dopings und in der Folge die Dopingsubstanzkonsumenten anhand geeigneter Konsumentenprofile näher zu definieren. Dabei ist zu berücksichtigen, dass der Gebrauch und die Weitergabe von Dopingsubstanzen sowohl strafrechtlichen als auch ethischen Restriktionen unterliegen. Auch wenn es bisher nur in wenigen Fällen zu einer Verurteilung wegen des Verstoßes gegen dopingrelevante Vorschriften gekommen ist, darf nicht verkannt werden, dass Doping nach den Vorschriften des allgemeinen Strafrechts, aber auch des Nebenstrafrechts – Arzneimittelgesetz und Betäubungsmittelgesetz – geahndet werden kann. Hinsichtlich der Vorschriften des allgemeinen Strafrechts kommen insbesondere Körperverletzungsdelikte in Betracht. Da der Konsum von Dopingsubstanzen, wenn überhaupt meist erst nach einer Latenzzeit von Jahren bis Jahrzehnten zum Tode führt, scheiden eine Strafbarkeit wegen Mordes, Totschlags oder fahrlässiger Tötung mangels nachzuweisender Kausalität in der Regel aus. Eine Strafbarkeit wegen Betrugs kommt im Freizeit- und Fitness-Sport ebenfalls nicht in Betracht, da es insoweit bereits am Tatbestandsmerkmal der Täuschung fehlt.

Daneben kommt für Ärzte eine Strafbarkeit nach berufsrechtlichen Regelungen in Frage, da die Verabreichung von Dopingsubstanzen gegen die in der Berufsordnung festgelegten Grundsätze ärztlichen Handels verstößt.

Grundlage einer gezielten Bekämpfung des Dopings, sowohl im Leistungs- als auch im Freizeit-Sport ist zunächst, den konkreten Umfang des Einsatzes von Dopingsubstanzen zu bestimmen. Dies ist insoweit nicht unproblematisch, da in sensiblen Themenbereichen, wie dem Dopingsubstanz- oder Drogenkonsum davon ausgegangen werden kann, dass selbst bei anonymen Befragungen ein gewisser Anteil der befragten Personen nicht ehrlich antwortet und damit die Zahl der Dopenden oder Drogenkonsumenten unterschätzt wird. Diese in der Kriminologie als Dunkelfeld bezeichnete Anzahl nicht erfasster Dopingsubstanz- und Drogenkonsumenten lässt sich mit Hilfe aus der Psychologie stammender Untersuchungstechniken näher bestimmen. Eine dieser Methoden ist die sog. Randomized Response Technique, eine persönlichen Befragung, die derart anonymisiert ist, dass der Untersucher nicht weiß, ob eine einzelne Person Dopingsubstanzen oder Drogen konsumiert, jedoch sich aus der Gesamtheit der Befragten die Zahl der Konsumenten abschätzen lässt.

Ist die Zahl dopender Sportler bekannt, so schließt sich die Frage an, mit welchen Methoden sich der Substanzmissbrauch in der zu betrachtenden Subpopulation von Fitness-Sportlern begrenzen lässt. Geht man davon aus, dass der Konsum von Dopingsubstanzen ein nicht sozial konformes bzw. abweichendes Verhalten darstellt, so kann auf die in der Kriminologie entwickelten Theorien sozialer Kontrolle zurückgegriffen werden. Unter dem Begriff der soziale Kontrolle werden diejenigen Mittel zusammengefasst, mit denen die Gesellschaft Herrschaft über die sie bildenden Menschen ausübt und Verhaltenskonformität erreicht, wobei insbesondere Antworten auf abweichendes Verhalten gesucht werden, um auf diese Weise den Prozess der sozialen Integration zu fördern bzw. zu ermöglichen.

Abweichendes menschliches Verhalten ist von unterschiedlichen Faktoren und Bedingungen, insbesondere dem Umfeld, in der sich eine Person befindet, und den Erfahrungen, die Sie in diesem Umfeld macht, abhängig. Ausgehend hiervon haben sich in der Kriminologie sog. Kontrolltheorien entwickelt, mit deren Hilfe deviantes Verhalten erklärt werden kann. Hieraus lassen sich wiederum Ansätze zur Prävention abweichenden menschlichen Verhaltens ableiten. Wesentliche Arbeiten auf diesem Gebiet wurden von Hirschi, Nye, Reiss, Reckless, Gold, Junger-Tas sowie Friday und Halsey geleistet. Diese Theorien sozialer Kontrolle lassen sich zwar nicht uneingeschränkt auf den Bereich des Dopings im Fitness-Sport übertragen, da diese in anderem Zusammenhang entwickelt wurden. Dennoch liefern diese wertvollen Ansätze für die Strukturierung und Einleitung gezielter Anti-Doping Maßnahmen im Fitness-Sport.

Es ist insoweit zu prüfen, welche sozialen Normen die Einnahme von Dopingsubstanzen begrenzen. Von besonderem Interesse sind dabei die Motive der Sportler, Dopingsubstanzen zu konsumieren, aber auch deren Informations- und Bezugsquellen für Dopingsubstanzen. Wichtig erscheinen darüber hinaus Angaben zu Trainingsjahren, Trainingsumfang und Sportart, aber auch der Zusammenhang zwischen Doping und dem Konsum anderer legaler und illegaler Drogen, da diese möglicherweise Anhaltspunkte hinsichtlich der Zugehörigkeit und Integration in gesellschaftliche (Sub-)Gruppen liefern.

Auf der Basis dieser Überlegungen wurden zwei Studien zum Doping- und Drogenkonsum im Fitness-Sport durchgeführt. Zum einen konnten 621 Fitness-Sportlerinnen und -Sportler in 113 Fitness-Studios Süddeutschlands mit Hilfe eines anonymen Fragebogens zum Doping befragt werden. Hierbei wurden insgesamt 23 Fragen zu anthropometrischen Daten, sozialen Indikatoren, Fragen zur Sportausübung, zum Doping und Drogenkonsum sowie zur Dopinganamnese gestellt. Zum anderen wurden in einer zweiten Studie 500 Sportler in 49 der o.g. Fitness-Studios mittels der Randomized Response Technique zur Einnahme von Dopingsubstanzen sowie legalen und illegalen Drogen befragt.

In der Befragung mittels anonymer Fragebögen gaben 13,5 % der Befragten (19,2 % der Männer und 3,9 % der Frauen) einen aktuellen oder zurückliegenden Gebrauch von Dopingsubstanzen und 15,9 % einen aktuellen oder zurückliegenden Konsum illegaler Drogen an. Weiterhin ergab sich ein positiver Zusammenhang zwischen der Einnahme von Dopingsubstanzen und Body Mass Index, Kokainkonsum, Trainingsjahren, Trainingsfrequenz und der Sportart Bodybuilding sowie ein negativer Zusammenhang zum Konsum von Alkohol, Hochschulreife und deutscher Nationalität. Dagegen zeigte sich für den Gebrauch illegaler Drogen ein positiver Zusammenhang zum Konsum von Nikotin, Alkohol und Dopingsubstanzen sowie zum Parameter Universitätsabschluss und ein negativer Zusammenhang zu Personen, die Kinder haben. Aus den genannten Einflussparametern zum Konsum von Dopingsubstanzen lassen sich verschiedene Vorhersageprofile für den Konsum von Dopingsubstanzen berechnen, mit deren Hilfe sich die individuelle Wahrscheinlichkeit des Gebrauchs von Dopingsubstanzen vorhersagen lässt.

Hauptmotiv der Einnahme von Dopingsubstanzen im Fitness-Sport stellt die Verbesserung des Aussehens dar. Als Hauptinformationsquellen hinsichtlich Dopingsubstanzen wurden Ärzte genannt. Das Gesundheitswesen, namentlich Ärzte und Apotheker sind neben dem Schwarzmarkt eine ganz wesentliche Bezugsquelle für Dopingsubstanzen. 48,1 % der befragten Sportler, die Dopingsubstanzen konsumieren, nannten das Gesundheitswesen als Bezugsquelle.

Hinsichtlich der Befragung mittels der Randomized Response Technique ergab sich in einem der zuvor genannten Studie vergleichbaren Kollektiv für den Gebrauch von Dopingsubstanzen eine der Befragung mittels anonymer Fragebögen nahezu identische Prävalenz (12,5 %). Gleiches gilt für den Konsum legaler Drogen. Dagegen fand sich in der Randomized Response Untersuchung für den Gebrauch von illegalen Drogen, insbesondere auch Kokain eine ca. dreifach höherer Wert als für Analyse anonymer Fragebögen (41,3 % vs. 15, 9 % für illegale Drogen und 14,6 % vs. 4,7 % für den Kokainkonsum).

Die dargestellten Studien verdeutlichen, dass sich in Abhängigkeit von der Untersuchungstechnik ein unterschiedlich großes Dunkelfeld an Sportlern ergibt, die trotz der durch die Befragung mittels anonymer Fragebögen gewährleisteten Unmöglichkeit, auf Einzelpersonen zurück zu schließen, keine wahrheitsgemäßen Antworten geben. Dabei kann davon ausgegangen werden, dass sich in Bezug auf den Konsum illegaler Drogen aufgrund der dreifach höheren Prävalenz in der Randomized Response Untersuchung statistische Zusammenhänge zu anderen Parametern nur sehr eingeschränkt verwerten lassen. Dagegen ergaben sich für den Gebrauch von Dopingsubstanzen und legalen Drogen in der Randomized Response Untersuchung der Befragung mittels anonymer Fragebögen vergleichbare Prävalenzen, so dass insoweit von einem eher geringen Dunkelfeld ausgegangen werden kann. Statistische Zusammenhänge zu anderen Parametern, die wiederum Einfluss auf zukünftige Anti-Doping Maßnahmen haben können, scheinen damit auf einer verlässlichen Datenbasis zu beruhen.

Aus präventiver Sicht lassen sich auf der Basis der dargestellten Dopendenprofile gezielt sowohl präventive als auch repressive Maßnahmen einleiten. In präventiver Hinsicht ist es notwendig, nicht nur Fitness-Sportler selbst, sondern auch deren wesentliche Informations- und Bezugsquellen über die potentiellen langfristigen Nebenwirkungen von Dopingsubstanzen zu informieren. Diese Maßnahmen sollten die Entwicklung und Stärkung der Eigenverantwortung der Sportler zum Ziel haben.

Für die Umsetzung dieser Maßnahmen können die theoretischen Konzepte sozialer Kontrolle eine wichtige Rolle spielen, insbesondere die von Hirschi entwickelten Theorie der Selbstkontrolle. Soziale Kontrolle kann einerseits durch interne Verhaltenskontrolle, d.h. Internalisierung von Normen und andererseits durch externe Verhaltenskontrolle erreicht werden. Die Internalisierung von Normen kann dabei vor allem durch das sportassoziierte Umfeld des Athleten sowie Ärzte und Apotheker erfolgen. Die externe Verhaltenskontrolle wird dagegen wesentlich durch gesetzliche Regelungen und deren Umsetzung durch die Strafverfolgungsorgane zu erreichen sein.

Neben einer Verschärfung des Arzneimittelgesetzes und Betäubungsmittelgesetzes sowie deren konsequente Umsetzung durch die Strafverfolgungsorgane könnte die Erweiterung der Befugnisse der Strafverfolgungsorgane durch Änderung der Strafprozessordnung sinnvoll sein. Der vom Deutschen Bundestag verabschiedete Gesetzesentwurf zur Verbesserung der Bekämpfung des Dopings im Sport sieht insoweit eine Übertragung der Ermittlungsbefugnisse auf das Bundeskriminalamt lediglich bei international organisiertem Handel mit Arzneimitteln vor. Die darüber hinausgehende effektive Maßnahme der Einrichtung von Schwerpunktstaatsanwaltschaften für Verstöße ohne internationalen Bezug ist dagegen nicht vorgesehen. In gleicher Weise ist im vorgenannten Gesetzesentwurf nur die Strafbarkeit des Besitzes nicht geringer Mengen an Dopingsubstanzen durch Änderung des Arzneimittelgesetzes vorgesehen, wohingegen nach der hier vertretenen Ansicht der unerlaubte Besitz von Dopingsubstanzen, insbesondere anabolen Steroiden grundsätzlich unter Strafe gestellt werden soll.

Über die genannten Maßnahmen hinaus könnten sich erweiterte Möglichkeiten der Überwachung des Fernmeldeverkehrs und des Einsatzes Verdeckter Ermittler in Bezug auf die Herstellung und den Vertrieb anaboler Steroide als sinnvoll erweisen. Überdies wäre ein eigenständiges Anti-Doping Gesetz zwar nicht aus rein juristischer Sicht notwendig, könnte jedoch in der Öffentlichkeit eine gesteigerte Entschlossenheit des Staates zur Bekämpfung des Dopings demonstrieren.

Literaturverzeichnis

Albers T, Urhausen A, Kindermann W. Internistische (nicht-kardiale) Langzeitschäden nach Einnahme von anabolen Steroiden bei Kraftsportlern. Dtsch Z Sportmed 2001 (52), S. S18.

Arbeitgeberverband deutscher Fitness- und Gesundheitsanlagen e.V. Eckdaten 2006. www.dssv.de.

Arvary D, Pope HG. Anabolic-androgenic steroids as a gateway to opioid dependence. N Engl J Med 2000 (342), S. 1532.

Azzazy HM, Mansour MM, Christenson RH. Doping in the recombinant era: Strategies and counterstrategies. Clin Biochem 2005 (38), S. 959-965.

Bahrke MS, Jesalis CE, Kopstein AN, Stephens JA. Risk factors associated with anabolic-androgenic steroid use among adolescents. Sports Med 2000 (29), S. 397-405.

Bahrke MS, Yesalios CE, Wright JE. Psychological and behavioural effects of endogenous testosterone and anabolic-androgenic steroids. Sports Med 1996 (22), S. 367-390.

Bahrke MS, Yesalis CE, Wright JE. Psychological and behavioural effects of endogenous testosterone and anabolic-androgenic steroids. Sports Med 1996 (22), S. 367-390.

Bardin CW. The anabolic action of testosterone. N Engl J Med 1996 (335), S. 52-53.

Barton-Davis ER, Shoturma DI, Musaro A, Rosenthal N, Sweeney HL. Viral mediated expression of insulin-like growth factor I blocks the aging-related loss of skeletal muscle function. Proc Natl Acad Sci U S A 1998 (95), S. 15603-15607.

Begin G, Boivin M, Bellerose J. Sensitive data collection through the randomized response technique: some improvements. J Psych 1979 (101), S. 53-65.

Belz R, Mussmann E. Polizeigesetz für Baden-Württemberg. 6. Auflage. Richard Boorberg Verlag. Stuttgart, München, Hannover, Berlin, Weimar, Dresden, 2001.

Benfer J. Verdeckte Ermittlungen durch Polizeibeamte. MDR 1994, S. 12-13.

Berendonk B. Doping-Dokumente von der Forschung zum Betrug. Springer Verlag. Berlin, Heidelberg, 1991.

Blackman MR, Sorkin JD, Munzer T, Bellantoni MF, Busby-Whitehead J, Stevens TE, Jayme J, O'Connor KG, Christmas C, Tobin JD, Stewart KJ, Cottrell E, St Clair C, Pabst KM, Harman SM. Growth hormone and sex steroid administration in healthy aged women and men: a randomized controlled trial. JAMA 2002 (288), S. 2282-2292.

Bock M. Kriminologie. 2. Auflage. Verlag Franz Vahlen. Müchen, 2000.

Bolanos SH, Khan DA, Hanczyc M, Bauer MS, Dhanani N, Brown ES. Assessment of mood states in patients receiving long-term corticosteroid therapy and in controls with patient-rated and clinician-rated scales. Ann Allergy Asthma Immunol 2004 (92), S. 500-505.

Boruch RF. Relations among statistical methods for assuring confidentiality of social research data. Soc Sci Res 1972 (1), S. 403-414.

Brower KJ. Anabolic steroid abuse and dependence. Curr Psychiatry Rep 2002 (4), S. 377-387.

Bryden AAG, Rothwell PJN, O'Reilly PH. Anabolic steroid abuse and renal-cell carcinoma. Lancet 1995 (346), S. 1306-1307.

Buckley WE, Yesalis CE, Friedl KE, Anderson WA, Streit AL, Wright JE. Estimated prevalence of anaolic steroid use among male high school seniors. JAMA 1988 (260), S. 3441-3445.

Bundeskriminalamt (BKA). Polizeiliche Kriminalstatistik 2000 Bundesrepublik Deutschland. Wiesbaden, 2000. www.bka.de/pks/pks2000/index2.html.

Bundesverband der Pharmazeutischen Industrie e.V. (BPI). Rote Liste 2006. Verlag Rote Liste Service GmbH. Frankfurt/Main, 1990.

Bundesverband der Pharmazeutischen Industrie e.V. (BPI). Rote Liste 2006. Verlag Rote Liste Service GmbH. Frankfurt/Main, 2006.

Bursik RJ, Grasmick HG. Neighborhoods and crime: the dimensions of effective community control. New York, Lexington Books, 1993.

Cazzola M. Further concerns about the medical risks of blood doping. Haematologica 2002 (87), S. 232.

Cherkeh RT, Momsen C. Doping als Wettbewerbsverzerrung? NJW 2001 (54), S. 1745-1752.

Clark SJ, Desharnais RA. Honest answers to embarrassing questions: Detecting cheating in the randomised response model. Psychol Methods1998 (3), S. 160-168.

Clarkson PM, Thompson HS. Drugs and Sport. Sports Med 1997 (24), S 366-384.

Cole JC, Smith R, Haltford JC, Wagstaff GF. A preliminary investigation into the relationship between anabolic-androgenic steroid use and the symptoms of reverse anorexia in both current and ex-users. Psychopharmacology 2003 (166), S. 424-429.

Corrigan B. Beyond EPO. Clin J Sport Med 2002 (12), S. 242-244.

Dawson RT. Drugs in sport – the role of the physician. J Endocrinol 2001 (170), S. 55-61.

Derleder P, Deppe U. Die Verantwortung des Sportarztes gegenüber Doping. JZ 1992, S. 116-123.

Deutsche Sportjugend. Sport ohne Doping – ein Fortbildungsmodul zur Dopingprävention. Frankfurt, 2006. www.dsj.de.

Deutscher Olympischer Sportbund (DOSB). Anti-Doping Aktionsplan. Zehn Punkte für Sport und Staat. Weimar, 09.12.2006.

Deutscher Olympischer Sportbund (DOSB). Anti-Doping: Referentenentwurf des BMI fordert Strafverschärfungen. DOSB Presse 7, 13.02.2007, S. 11-15.

Deutscher Olympischer Sportbund (DOSB). Heftige Kritik am bayrischen Gesetzesantrag zur Doping-Bekämpfung. DOSB Presse 38, 19.09.2006, S. 5-9.

Deutscher Olympischer Sportbund (DOSB). Koalition einigt sich auf Kompromiss zur Besitzstrafbarkeit. DOSB Presse 4, 23.01.2007, S. 5-7.

Deutscher Olympischer Sportbund (DOSB). Sportausschuss fordert Konsequenzen wegen NADA-Unzulänglichkeiten. DOSB Presse 6, 06.02.2007, S. 5-7.

Deutscher Olympischer Sportbund (DOSB). Sportler-Strafbarkeit in Anti-Doping-Gesetz ist kontraproduktiv. DOSB Presse 42, 17.10.2006, S. 25-29.

Deutscher Sportbund (DSB), Rahmenrichtlinien zur Bekämpfung des Dopings in der Fassung vom 01.12.2001. Frankfurt, 2001.

Deutscher Sportstudio Verband (DSSV). Allgemeine Eckdaten der Fitnessanlagen in Deutschland. www.dssv.de

Dickerman RD, Schaller F, McConathy WJ. Left ventricular wall thickening does occur in elite power athletes with or without anabolic steroid use. Cardiology 1998 (90), S. 145-148.

Dickerman RD, Schaller F, Prather I, McConathy WJ. Sudden cardiac death in a 20-year-old bodybuilder using anabolic steroids. Cardiology 1995 (86), S. 172-173.

Dickerman RD, Schaller F, Zachariah NY, McConathy WJ. Left ventricular size and function in elite bodybuilders using anabolic steroids. Clin J Sport Med 1997 (7), S. 90-93.

Dickhuth HH, Striegel H. Doping und Medizinsystem – Welche Rolle spielt die Sportmedizin? In: Digel H, Dickhuth HH (Hrsg.): Doping im Sport. Attempto Verlag. Tübingen, 2002, S. 87 - 97.

Dillman DA, Sinclair MD, Clark JR. Effects of questionnire length, respondent-friendly design, and a diffiult question on response rates for occupant-addressed census mail surveys. Publ Op Quart 1993 (57), S. 289-304.

*DuRant RH, Ashworth CS, Newman C, Rickert VI.*Stability of relationships between anabolic steroid use and multiple substance use among adolescents. J Adolesc Health 1994 (15), S. 111-116.

DuRant RH, Rickert VI, Ashworth CS, Newman C, Slavens G. Use of multiple drugs among adolescents who use anabolic steroids. N Engl J Med 1993 (328), S. 922-926.

Dury W. Kann das Strafrecht die Doping-Seuche ausrotten? SpuRt 2005, S. 137-141.

Ebenbichler CF, Sturm W, Gazer H, Bodner J, Mangweth B, Ritsch A, Sandhofer A, Lechleitner M, Foger B, Patsch JR. Flow-mediated, endothelium-dependent vasodilatation is impaired in male body builders taking anabolic-androgenic steroids. Atherosclerosis 2001 (158), S. 483-490.

Eisenberg U. Kriminologie. 6. Auflage. C.H. Beck Verlag. München, 2005.

Eklof AC, Thurelius AM, Garle M, Rane A, Sjoqvist F. The anti-doping hot-line, a means to capture the abuse of doping agents in the Swedish society and a new service function in clinical pharmacology. Eur J Ciln Pharmacol 2003 (59), S. 571-577.

El O, Gulbahar S, Ceylan E, Ergor G, Sahin E, Senocak O, Oncel S, Cimrin A. Bone mineral density in asthmatic patients using low dose inhaled glucocorticosteroids. J Investig Allergol Clin Immunol 2005 (15), S. 57-62.

Endriß R, Kinzig J. Neuralgische Punkte des Betäubungsmittelstrafrechts. NJW 2001 (54), S. 3217-3222.

Europäische Beobachtungsstelle für Drogen und Drogensucht. Jahresbericht 2001 über den Stand der Drogenproblematik in der EU. Luxembourg, 2001.

Fernandez-Garcia B, Lucia A, Hoyos J, Chicharro JL, Rodriguez-Alonso M, Bandres F, Terrados N. The response of sexual and stress hormones of male pro-cyclists during continuous intense competition IInt J Sports Med. 2002 (23), S. 555-560.

Folsom RE, Greenberg BG, Horvitz DG, Abernathy JR. The two alternate questions randomized response model for human survey. J Amer Stat Assoc 1973 (68), S. 525-530.

Freud S. Über Coca. Centralblatt für die gesamte Therapie 1884, S. 289-314.

Friday PC, Hasley J. Patterns of social control and youth rime: social integration and prevention. In: Friday PC, Steward VL (eds.). Youth crime and juvenile justice – International perspectives. Praeger Publishers. New York, London 1977, S. 142-159.

Friday PC. Theoretical issues in the study of deviance and social control. In: Kury H (Hrsg.). Perspektiven und Probleme kriminologischer Forschung, Band 1 – Interdisziplinäre Beiträge zur kriminologischen Forschung. Carl-Heyemanns Verlag. Köln, Berlin, Bonn, München 1981, S. 187-223.

Fritzweiler J, Pfister B, Summerer T. Praxishandbuch Sportrecht. 2. Auflage. C.H. Beck Verlag. München 2007. (zitiert Fritzweiler/Pfister/Summerer-Bearbeiter)

George AJ. Central nervous system stimulants. Baillieres Best Pract Res Clin Endocrinol Metab 2000 (14), S. 79-88.

Geppert K. Strafbares Verhalten durch – mögliche – Aids-Übertragung? Jura 1987, S. 668-672.

Gold M. Status Forces in Delinquent Boys. The University of Michigan. An Arbor, Michigan, 1963.

Goldberg L, Elliot D, Clarke GN, MacKinnon DP, Moe E, Zoref L, Green C, Wolf SL, Greffrath E, Miller DJ, Lapin A. Effects of a multidimensional anabolic steroid prevention intervention. The Adolescents Training and Learning to Avoid Steroids (ATLAS) Program. JAMA. 1996 (276), S. 1555-1562.

Goodstadt MS, Cook G. The validity of reported drug use: the randomised response technique. Int J Addict 1978 (13), S. 359-367.

Gottfredson MR, Hirschi T. A general theory of crime. Stanford University Press. Stanford, California, 1990.

Greenway P, Greenway M. General practitioner knowledge of prohibited substancey in sport. Br J Sports Med 1997 (31), S. 129-131

Grotenhermen F. Pharmacology of cannabinoids. Neuro Endocrinol Lett 2004 (25), S. 14-23.

Grotz S. Zur Betrugsstrafbarkeit des gesponsorten und gedopten Sportlers. SpuRt 2005, S. 93-97.

Gruber AJ, Pope HG Jr. Psychiatric and medical effects of anabolic-androgenic steroid use in women. Psychother Psychsom 2000 (69), S. 19-26.

Günl W. Deutsche und Amerikanische Dunkelfelduntersuchungen im Vergleich – Eine Sekundäranalyse. Dissertation. Hagen, 1987.

Haas U. Das Übereinkommen des Europarats gegen Doping. SpuRt 1996, S. 107.

Haas U. Sind Staatsanwälte verpflichtet, gegen Doping-Ärzte Ermittlungsverfahren einzuleiten? SpuRt 1997, S. 56-59.

Haug T. Die Geschichte des Dopinggeschehens und der Dopingdefinitionen. In Nickel R, Rous T (Hrsg.). Das Anti-Doping- Handbuch, Band 1. Meyer & Meyer Verlag. Aachen, 2007, S. 34-49.

Haupt HA. Anabolic stroids and groth hormone. Am J Sports Med 1993 (21), S. 468-474.

Hausmann R, Hammer S, Betz P. Performance enhancing drugs (doping agents) and sudden death: a case report and review to the literature. Int J Legal Med 1998 (111), S. 261-264.

Heger M. Die Strafbarkeit von Doping nach dem Arzneimittelgesetz. SpuRt 2001, S. 92-95.

Heikkila R, Aho K, Heliovaara M, Hakama M, Marniemi J, Reunanen A, Knekt P. Serum testosterone and sex hormone-binding globulin concentrations and the risk of prostata carcinoma: a longitudinal study. Cancer 1999; 86: 312-315

Hilger H. Neues Strafverfahrensrecht durch das OrgKG – 1. Teil – . NStZ 1992, S. 457-463.

Hintz RL. Growth hormone: uses and abuses. BMJ 2004 (328), S. 907-908.

Hirschi T. Causes of Delinquency. University of California Press. Berkely and Los Angeles, 1969.

Huerta C, Lanes SF, Garcia Rodriguez LA. Respiratory medications and the risk of cardiac arrhythmias. Epidemiology 2005 (16), S. 360-366.

Hunter A. Private and public social orders: The problem of crime and incivility in urban communities. In: Suttles GS, Zald MN (eds.). The challenge of social control. Citizenship and Institution. Building in Modern Societies. Essays in Honour of Morris Jankowitz. New Jersey Publishing Cooperation, Norwood, 1985, S. 230-242.

International Olympic Comittee (IOC). Olympic Movement Anti-Doping Code. Lausanne 2000. www.olympics.org.

Jacob R, Eirmbter WH. Allgemeine Bevölkerungsumfragen. R. Oldenbourg Verlag. München, Wien, 2000.

Jahn M. Ein neuer Straftatbestand gegen eigenverantwortliches Doping? SpuRt 2005, S. 141-146.

Jarernsiripornkul N, Krska J, Capps PA, Richards RM, Lee A. Patient reporting of potential adverse drug reactions: a methodological study. Br J Clin Pharmacol 2002 (53), S. 318-325.

Johnson MD, Jay MS, Shoup B, Rickert VI. Anabolic steroid use by male adolescents. Pediatrics 1989 (83), S. 921-924.

Jörger W. Die Strafbarkeit von Doping nach dem Bundesgesetz über die Förderung von Turnen und Sport. Stämpfli Verlag. Bern, 2006.

Junger-Tas J. Hidden Delinquency and judical selection in Belgium. In: Friday PC, Steward VL (eds.). Youth crime and juvenile justice – International perspectives. Praeger Publishers. New York, London 1977, S. 70-94.

Kaiser G. Kriminologie. 3. Auflage. C.F.H. Müller Verlag. München, 1996.

Kanayama G, Gruber AJ, Pope HG, Borowiecki JJ, Hudson JL. Over-the-counter drug use in gymnasiums: an underrecognized sustance abuse problem? Psychother Psychosom 2001 (70), S. 137-140.

Kanayama G, Pope HG, Cohane G, Hudson JL. Risk factors for anabolic-androgenic steroid use among weightlifters: a case control study. Drug Alcohol Depend 2003 (71), S. 77-86.

Kaplan CD, Husch JA, Bieleman B. The prevention of stimulant misuse. Addiction 1994 (89), S. 1517-1521.

Kargl W. Probleme der Strafbegründung bei Einwilligung des Geschädigten am Beispiel des Dopings. JZ 2002, S. 389-399.

Kerner H-J, Türg G. Referendarexamensklausur – Strafrecht: Betrugsstrafrechtliche Relevanz des Dopings. JuS 2004, S. 140-145.

King DS, Sharp RL, Vukovich MD, Brown GA, Reifenrath TA, Nathaniel L, Parsons KA. Effect of oral androstendione on serum testosterone and adaptations to resistance training in young men. JAMA 1999 (281), S. 2020-2028.

Kinzig J. Die Telefonüberwachung im Verfahren organisierter Kriminalität: Fehler bei der richterlichen Anordnung, Mängel des Gesetzes. StV 2004, S. 560-567.

Kistner T. Sie haben es im Blut. Ob im Winter oder im Sommer: Kaum ein Profisportler kann es sich noch leisten, auf Doping zu verzichten. Die Wahrheit über die harte Branche. Süddeutsche Zeitung Magazin 50, 15. Dez. 2006, S. 11-14.

Kleinbaum DG, Klein M. Logistic regression. Springer Verlag. Berlin, New York, London, 2002.

Knauer C. AIDS und HIV – Immer noch eine Herausforderung für die Strafrechtsdogmatik. GA 1998, S. 428-442.

Kohler M, Parr MK, Opfermann G, Thevis M, Schlorer N, Marner FJ, Schanzer W. Metabolism of 4-hydroxyandrostenedione and 4-hydroxytestosterone: Mass spectrometric identification of urinary metabolites. Steroids 2007 (72), S. 278-286.

Köllisch T. Vom Dunkelfeld zum Hellfeld: Anzeigeverhalten und Polizeikontakte bei Jugenddelinquenz. Dissertation. Philosophische Fakultät, Universität Freiburg im Breisgau, 2004.

Komorowski EM, Rickert VI. Adolescent body image and attitudes to anabolic steroid use. Am J Dis Child 1992 (146), S. 823-828.

Korkia P. Use of anabolic steroids has been reported by 9% of men attending gymnasiums. BMJ 1996 (313), S. 1009.

Korkia P, Stimson GV. Indications of prevalence, practice and effects of anabolic steroid use in Great Britain. Int J Sports Med 1997 (18), S. 557-562.

Körner H. Kronzeugenregelung zur Dopingbekämpfung nur durch die Justiz. SpuRt 2002, S. 226-228.

Körner HH. Betäubungsmittelgesetz, Arzneimittelgesetz. 5. Auflage, C.H. Beck Verlag. München 2001.

Kouri EM, Pope HG Jr. Abstinence symtoms during withdrawal from chronic marijuana use. Exp Clin Psychopharmacol 2000 (8), S. 483-492.

Kranz K, Hartl M. „Doping" durch den Arzt als „ärztliche Tätigkeit". NJW 1988, S. 2277-2279.

Kuipers H, Wijnen JA, Hartgens F, Willems SMM. Influence of anabolic steroids on body composition, blood pressure, lipid profile and liver functions in body builders. Int J Sports Med 1991 (12), S. 413-418.

Kunz KL. Kriminologie. 3. Auflage. Verlag Paul Haupt. Berlin, Stuttgart, Wien, 2001.

Kutzer K. Wir brauchen keine neuen Gesetze zur Sterbehilfe. ZRP 1997, S. 117-119.

Lackner K, Kühl K. Strafgesetzbuch, Kommentar, 26. Auflage, C. H. Beck Verlag, München 2007.

Lage JM, Panizo C, Masdeu J, Rocha E. Cyclist's doping associated with cerebral sinus thrombosis. Neurology 2002 (58), S. 665.

Landes-Sport-Bund Nordrhein-Westfahlen in Zusammenarbeit mit dem Ministerium für städtebau und Wohnen, Kultur und Sport des Landes Nordrhein-Westfahlen. Präventionskampagne „Falscher Einwurf!". www.dopingfreier-sport.de.

Laufs A, Uhlenbruck W. Handbuch des Arztrechts. 3. Auflage. C.H. Beck Verlag, München 2002. (zitiert: Laufs/Uhlenbruck-Bearbeiter)

Laure P. Epidemiologic approach of doping in sport – A review. J Sports Med Phys Fitness 1997 (37), S. 218-224.

Laure P, Lecerf T, Friser A, Binsinger C. Drugs, recreational drug use and attitudes towards doping of high school athletes. Int J Sports med 2004 (25), S. 133-138.

Lemke M, Julius KP, Krehl C, Kurth HJ, Rautenberg EC, Temming D. Heidelberger Kommentar zur Strafprozessordnung. 3. Auflage. C.F. Müller Verlag. Heidelberg, 2001. (zitiert: HdKomm-Bearbeiter)

Linck J. Doping aus juristischer Sicht. MedR 1993, S. 55-62.

Linck J. Doping und staatliches Recht. NJW 1987, S. 2545-2551.

Lindstrom M, Nilsson AL, Katzman PL, Janzon L, Dymling JF. Use of anabolic-androgenic steroids among body builders – frequency and attitudes. J Intern Med 1990 (227), S. 407-411.

Lippert HD. Achtes Gesetz zur Änderung des Arzneimittelgesetzes. NJW 1999, S. 837-838.

Liu PT, Chow LP. A new discrete quantitative radomized response model. J Amer Stat Assoc 1976 (71), S. 72-73.

Ludwig U. Bodybuilding. Der Spiegel 2/2007, S. 186-189.

Madea B, Grellner W. Long-term cardiovascular effects of anabolic steroids. Lancet 1998 (352), S. 33.

Magkos F, Kavouras SA. Caffeine and ephedrine : physiological, metabolic and performance enhancing effects. Sports Med 2004 (34), S. 871-889.

Mangweth B, Pope HG, Kemmler G, Ebenbichler C, Hausmann A, De Col C. Kreutner B, Kinzl J, Biebl W. Body image and psychopathology in male bodybuilders. Psychother Psychosom 2001 (70), S. 38-43.

Maunz T, Dürig G, Herzog R. Grundgesetz. Kommentar. C.H. Beck Verlag. München 2007. (zitiert Maunz/Dürig-Bearbeiter)

Mayer D. Die Pflicht der Sportverbände zur Anzeigeerstattung bei einem Verstoß gegen § 6a Arzneimittelgesetz – ein untaugliches Mittel zur Dopingbekämpfung? SpuRt 2002 (9), S. 97-100.

Mayering P. Einführung in die qualitative Sozialforschung. 5. Auflage. Beltz Verlag. Weinheim und Basel, 2002.

Melchert RB, Wedler AA. Cardiovascular effects of androgenic-anabolic steroids. Med Sci Sports Exerc. 1995 (27), S. 1252-1262.

Meyer-Großner L. Strefprozeßordnung. Gerichtsverfassungsgesetz, Nebengesetze und ergänzende Bestimmungen. 48. Auflage. C.H. Beck Verlag. München, 2005.

Middleman AB, DuRant RH. Anabolic steroid use and associated health risk behaviours. Sports Med 1996 (21), S. 251-255.

Midgley SJ, Heather N, Davies JB. Levels of aggression among a group of anabolic-androgenic steroid users. Med Sci Law 2001 (41), S. 309-314.

Möhrenschlager M. Das OrgKG – eine Übersicht nach amtlichen Materialien. Wistra 1992, S. 326-333.

Monk B, Cunliffe WJ, Layton AM, Rhodes DJ. Acne induced by inhaled corticosteroids. Clin Exp Dermatol 1993 (18), S. 148-150.

Müller A. Doping im Sport als strafbare Gesundheitsbeschädigung (§§ 223 Abs. 1, 230 StGB)? Nomos Universitätsschriften: Recht. 1. Auflage. Nomos Verlagsgesellschaft. Baden-Baden, 1993.

Münchener Kommentar zum Strafgesetzbuch Band 1: §§ 1-51. C.H. Beck Verlag. München 2003; Band 3: §§ 185-262. C.H. Beck Verlag. München 2003; Band 5: Nebenstrafrecht I. C.H. Beck Verlag. München 2007. (zitiert MünchKomm-Berbeiter)

Nationale Anti-Doping Agentur Deutschland (NADA). NADA-Code, Stand 01.01.2006. www.nada-bonn.de.

Nationale Anti-Doping Agentur Deutschland (NADA). NADA fordert Etat von 5 Mio. Euro – Schäuble verspricht „erhebliche Aufstockung“. www.sportrechturteile.de/News/ARGESportrecht/news8381.html.

Nelles U. Strafprozessuale Eingriffe in das Hausrecht von Angehörigen. StV 1991, S. 488-492.

Netzeitung.de. Von Richthofen gegen Anti-Doping-Gesetz. 06.03.2007. www.netzeitung.de/sport/385670.html.

Nieminen MS, Ramo MP, Viitasalo M, Heikkila P, Karjalainen J, Mantysaari M, Heikkila J. Serious cardiovascular side effects of large doses of anabolic steroids in weight lifters. Eur Heart J 1996 (17), S. 1576-1583.

Niggli MA. Kriminologische Theorien und ihre Bedeutung für Kriminologen in Deutschland, der Schweiz und den USA – Ein empirischer Vergleich. Monatsschrift Kriminologie 1992, S. 261-277.

Nilsson S. Androgenic anabolic steroid use among male adolescent in Falkenberg. Eur J Clin Pharmacol 1995 (48), S. 9-11.

Nilsson S, Baigi A, Marklund B, Friedlund B. The prevalence of the use of androgenic anabolic steroids by adolescents in a country of Sweden. Eur J Public Health 2001 (11), S. 195-197.

Nordlund S, Holme I, Tmasfoss S. Randomized response estimates for the purchase of smuggled liquor in Norway. Addiction 1994 (89), S. 401-405.

Nowitzky J, Colombet J. Memorandum of Interview in re Victor Conte. Internal Revenue Service. Criminal Investigation Division. 03.09.2003.

Nye FI. Family Relationships and Delinquent Behaviour. Greenwood Press Publishers. Westport, Connecticut, 1958.

Observatorium Sport und Bewegung Schweiz. Aktualisierte Indikatoren 2006 Aug. http://www.sportobs.ch/fileadmin/sportobs-dateien/Indikatoren/ INDn_4_4.pdf.

Otto H. Zur Strafbarkeit des Doping – Sportler als Täter und Opfer. SpuRt 1994, S. 10-16.

Parssinen M, Kujala U, Vartiainen E, Sarna S, Seppala T. Increased premature mortalita of competitive powerlifters suspected to have used anabolic agents. Int J Sports Med 2000 (21), S. 225-227.

Parssinen M, Seppala T. Steroid use and log-term health risks in former athletes. Sports Med 2002 (32), S. 83-94.

Parzeller M. Die strafrechtliche Verantwortung des Arztes beim Doping Dtsch Z Sportmed 2001 (52), S. 162-167.

Petri G. Die Sanktionsregeln des World Anti-Doping-Codes – Teil 1: Einführung und Vorstellung – . SpuRt 2003, S. 183-185.

Petri G. Die Sanktionsregeln des World Anti-Doping-Codes – Teil 2: Inhaltskontrolle anhand der §§ 305-310 BGB – . SpuRt 2003, S. 230-234.

Pfeiffer G. Karlsruher Kommentar zur Strafprozessordnung und zum Gerichtsverfassungsgesetz mit Einführungsgesetz. 5. Auflage, C.H. Beck Verlag, München 2003. (zitiert KaKomm-Berabeiter)

Pfeiffer G. StPO Strafprozessordnung und Gerichtsverfassungsgesetz Kommentar. 5. Auflage. C.H. Beck Verlag. München, 2005.

Pinikahana J, Happell B, Carta B. Mental health professionals' attitudes to drugs and substance abuse. Nurs Health Sci 2002 (4), S. 57-62.

Pope HG Jr, Gruber AJ, Hudson JI, Huestis MA, Yurgelun-Todd D. Neuropsychological performance in long-term cannabis users. Arch Gen Psychiatry 2001 (58), S. 909-915.

Pope HG, Kanayama G, Ionescu-Pioggia M, Hudson JI. Anabolic steroid users' attitudes towards physicians. Addiction 2004 (99), S. 1189-1194.

Prather ID, Brown DE, North P, Wilson JR. Clenbuterol: a substitute for anabolic steroids? Med Sci Sports Exerc 1995 (27), S. 1118-1121.

Prokop L. Zur Geschichte des Dopings. In: Acker H (Hrsg.), Rekorde aus der Retorte – Leistungssteigerung im modernen Hochleistungssport. Deutsche Verlags-Anstalt. Stuttgart, 1972.

Rajapaksa LC, Perera DC. Incidence of induced abortion determined by the randomized response technique. Ceylon Med J 1994 (39), S. 14-18.

Rechtskommission des Sports gegen Doping (ReSpoDo). Abschlussbericht zu möglichen gesetzlichen Initiativen für eine konsequentere Verhinderung, Verfolgung und Ahndung des Dopings im Sport. Frankfurt, 15. Juni 2005.

Reckless WC. Halttheorie. Monatsschrift für Kriminologie und Strafrechtsnorm 1961 (44), S. 1-14.

Rehmann WA. Arzneimittelgesetz (AMG). C.H. Beck Verlag. München, 1999.

Reiss AJ. Delinquency as the Failure of Personal and Social Controls. American Sociological Review 1951 (21), S. 196-207.

Rider RV, Harper PA, Chow LP, Icheng C. Comparison of 4 methods of determining the incidence of induced abortion. Estud Polac 1979 (4), S. 41-60.

Ritsch M, Mußhoff F. Gefahren und Risiken von Schwarzmarktanabolika im Sport – Eine gaschromatographisch-massenspektrometrische Analyse. Sportverl Sportschad 2000 (14), S. 1-11.

Rössner D. Strafrechtlicher Schutz gegen Spielmanipulationen im Fußball? Causa Sport 2005, S. 391-395.

Sader MA, Griffiths KA, McCredie RJ, Handelsman DJ, Celermajer DS. Androgenic anabolic steroids and arterial structure and function in male bodybuilders. J Am Coll Cardiol 2001 (37), S. 224-230.

Scarpino V, Arrigo A, Benzi G, Garattini S, LaVecchia C, Bernardi LR, Silvestrini G, Tuccimei G. Evaluation of prevalence of "doping" among Italian athletes. Lancet 1990 (336), S. 1048-1050.

Schlund GH. Rechtliche Aspekte des Arzneimittelmissbrauchs. Deutsches Ärzteblatt 1998 (95), S. B-779-B-781.

Schmidt V. Der nicht offen ermittelnde Polizeibeamte -noeP- . Kriminalistik 2000, S. 162-166.

Schneider HJ. Kriminologie. De Gruyter Verlag. Berlin, New York, 1987.

Schnell R, Hill PB, Esser E. Methoden der empirischen Sozialforschung. 7. Auflage. R. Oldenburg Verlag. München, Wien, 2005.

Schönke A, Schröder H. Strafgesetzbuch, Kommentar. 26. Auflage, C.H. Beck Verlag. München, 2001. (zitiert: Schönke/Schröder-Bearbeiter)

Schurmeyer T, Knuth UA, Belkien L, Nieschlag E. Reversible azoospermia induced by the anabolic steroid 19-nortestosterone. Lancet 1984 (1), S. 417-420.

Schwab D. Zivilrechtliche Haftung beim Doping. In: Schild W (Hrsg.). Recht und Sport. Rechtliche Fragen des Dopings. C.F. Müller Verlag. Heidelberg, 1986, S. 35-50.

Schwind HD. Kriminologie – Eine praxisorientierte Einführung mit Beispielen. 11. Auflage. Kriminalistik Verlag. Heidelberg, 2001.

Simon P, Striegel H, Aust F, Dietz K, Ulrich R. Doping in fitness sports: Estimated number of unreported cases and individual probability of doping. Addiction 2006 (101), S. 1640-1644.

Sportministerkonferenz der Länder der Bundesrepublik Deutschland (SMK). SMK-Vorsitzender fordert Anti-Doping-Gesetz und Schwerpunktstaatsanwaltschaften. 08.03.2006, S. 1-2.

Stacy JJ, Terrell TR, Armsey TD. Ergogenic AIDS: human growth hormone. Curr Sports Med Rep 2004 (3), S. 229-233.

Street C, Antonio J, Cudlipp D. Androgen use by athletes: a reevaluation of the health risks. Can J Appl Physiol 1996 (21), S. 421-440.

Striegel H, Simon P, Frisch S, Roecker K, Dietz K, Dickhuth HH, Ulrich R. Anabolic ergogenic substance users in fitness-sports: A distinct group supported by the health care system. Drug Alcohol Depend. 2006 (81), 11-19.

Striegel H, Simon P. Doping – High-Tech Betrug im Sport. Internist 2007 (48), S. 737-742.

Striegel H, Vollkommer G. Doping – Die Verantwortung des Sportarztes gegenüber jungen Leistungssportlern. MedR 2001, 112-117.

Striegel H, Vollkommer G, Dickhuth HH. Combating drug use in competitive sports – An analysis from the athletes' perspective. J Sports Med Phys Fitness 2002 (42), S. 354-359.

Striegel H. Analysen zur Doping-, Drogen- und Nahrungsergänzungsmitteleinnahme im Leistungssport. Habilitationsschrift zur Erlangung der venia legendi der Medizinischen Fakultät der Universität Tübingen. Tübingen, 2006.

Sweeney HL. Gene Doping. Sci Am 2004 (291), S. 62-69.

Terney R, McLain LG. The use of anabolic steroids in high school students. AJDC 1990 (144), S. 99-103.

Thevis M, Schanzer W. Emerging drugs - potential for misuse in sport and doping control detection strategies.Mini Rev Med Chem 2007 (7), S. 531-537.

Thevis M, Schanzer W. Mass spectrometric identification of peptide hormones in doping-control analysis. Analyst. 2007 (132), S. 287-91.

Thiblin I, Linquist O, Rajs J. Cause and manner of death among users of anabolic androgenic steroids. J Forensic Sci 2000 (45), S. 16-23.

Thompson PD, Cullinane EM, Sady SP, Chenevert C, Saritelli AL, Sady MA. Contasting effects of testosterone and stanozolol on serum lipoprotein levels. JAMA 1989 (261), S. 1165-1168.

Trombetti A, Pennisi P, Rizzoli R. Corticosteroid-induced osteoporosis. Rev Prat 2004 (54), S. 2132-2137.

Tröndle H, Fischer T. Strafgesetzbuch und Nebengesetze. 53. Auflage. C.H. Beck Verlag. München 2006.

Turner G. Die Einwilligung des Sportles zum Doping. NJW 1991, S. 2943-2945.

Turner G. Ist ein Anti-Doping-Gesetz erforderlich? ZRP 1992 (25), S. 121-123.

Turner G. Rechtsprobleme beim Doping im Sport. MDR 1991, S. 569-575.

Urhausen A, Albers T, Kindermann W. Are the cardiac effects of anabolic steroid abuse in strenght athletes reversible? Heart 2004 (90), S. 496-501.

Vieweg K. Staatliches Anti-Doping-Gesetz oder Selbstregulierung des Sports? SpuRt 2004, S. 194-197.

Volicer BJ, Volicer L. Randomized response technique for estimating alcohol use and noncompliance in hypertensives. J Stud Alcohol 1982 (43), S. 739-750.

Von Münch I, Kunig P. Grundgesetz-Kommentar. Band 1: Präambel bis Art. 19. 5. Auflage. C.H. Beck Verlag. München, 2000. (zitiert GGKomm-Berabeiter)

Wagner G. Negative Wirkungen eines Anti-Doping-Gesetzes. ZRP 1992 (25), S. 369-371.

Wagner JC. Enhancement of athletic performance with drugs. Sports Med 1991 (12), S. 250-265.

Warner SL. Randomized response: A survey technique for eliminating evasive answer bias. J Amer Stat Assoc 1965 (60), S. 63-69.

Weber K. Betäubungsmittelgesetz (BTMG). C.H. Beck Verlag. München 2003.

Wedler AA, Melchert RB. Cardiotoxic effects of cocaine and anabolic-androgenic steroids in the athlete. J Pharmacol Toxicol Methods 1993 (29), S. 61-68.

Wetzels P, Greve W, Mecklenburg E, Bilsky W, Pfeiffer C. Kriminalität im Leben alter Menschen. Schriftenreihe des Bundesinnenministeriums für Familie, Senioren, Frauen und Jugend. Verlag W. Kohlhammer. Stuttgart, Berlin, Köln, 1995.

Wichstrom L, Pedersen W. Use of anabolic androgenic steroids in adolescence: Winning, looking good or being bad? J Stud Alcohol 2001 (62), S. 5-13.

Winkler KR. Doping im Sport. Deutsche Apotheker Zeitung 2000 (140), S. 53-55.

World Anti-Doping Agency (WADA). The 2007 Prohibited List International Standard. Montreal 2006. www.wada-ama.org.

World Anti-Doping Agency (WADA). World Anti-Doping Code. Montreal 2003. www.wada-ama.org.

Wüterich C, Breucker M. Plädoyer für eine Kronzeugenregelung zur Dopingbekämpfung. SpuRt 2002 (9), S. 133-136.

Yamasaki M, Mishima HK, Yamashita H, Kashiwagi K, Murata K, Minamoto A, Inaba T. Neuroprotective effects of erythropoietin on glutamate and nitric oxide toxicity in primary cultured retinal ganglion cells. Brain Res 2005 (1050), S. 15-26.

Yesalis CE, Kennedy NJ, Kopstein AN, Bahrke MS. Anabolic-androgenic steroid use in the United States. JAMA 1993 (270), S. 1217-1221.

FSC
www.fsc.org
MIX
Papier | Fördert gute Waldnutzung
FSC® C083411

Kolibri 360 GmbH
Ferdinand-Jühlke-Straße 7
99095 Erfurt, Deutschland
produktsicherheit@kolibri360.de